МИХАЭЛЬ ЛАЙТМАН

«ТАЙНЫ ВЕЧНОЙ КНИГИ»

КАББАЛИСТИЧЕСКИЙ КОММЕНТАРИЙ К ТОРЕ

ТОМ 10

«ПИНХАС»
«МАТОТ»
«МААСЕЙ»
«ДВАРИМ»

МЕЖДУНАРОДНАЯ
АКАДЕМИЯ
КАББАЛЫ

УДК 130.122
ББК 87.3

Все права защищены. Никакая часть данной книги не может быть воспроизведена в какой бы то ни было форме без письменного разрешения владельцев авторских прав.

Лайтман Михаэль

Л18 Тайны Вечной Книги. Том 10 / Михаэль Лайтман. – М.: НФ «Институт перспективных исследований», 2021. – 288 с.

ISBN 978-5-91072-111-5

Подобного раскрытия Торы до сих пор не было.
Дайте себе немного времени, войдите в материал, и, уверяю вас, вы не оторветесь от этой книги. Потому что почувствуете, что она – о вас. И она нужна вам, как близкий друг, который всегда поможет, придет на помощь, будет рядом и в горе, и в радости.

Семен Винокур, автор и ведущий серии передач с Михаэлем Лайтманом «Тайны Вечной Книги»

УДК 130.122
ББК 87.3
Л18

© Laitman Kabbalah Publishers, 2021
ISBN 978-5-91072-111-5   © НФ «Институт перспективных исследований», 2021

Оглавление

ПРЕДИСЛОВИЕ	**9**
ГЛАВА «ПИНХАС»	**11**
МЫ НЕ ГОВОРИМ О ЛЮДЯХ	12
ИСЧИСЛИТЬ – ЗНАЧИТ ПРОВЕРИТЬ	14
«ОДИН, КОТОРЫЙ НЕ СТРЕЛЯЛ…»	16
СОБЛАЗН КРАСОТЫ	18
ВЫРОС ВНУТРИ ФАРАОНА	20
СТАЛ КОЭНОМ ЧЕРЕЗ УБИЙСТВО	22
ПОЛОЩУТ ТЕБЯ, КАК ГРЯЗНУЮ ТРЯПКУ	25
НАПАДИ ВНЕЗАПНО И РАЗГРОМИ!	27
КАК МОЖНО ПРОЖИТЬ БЕЗ МИКРОБОВ?	29
ХОТЕЛ БЫ ОТДАТЬ, НО НЕЧЕГО	32
ТОРА – ЭТО МАТРИЦА	35
ОТДАЙТЕ НАДЕЛ ДОЧЕРЯМ ЕГО…	37
БЛАГОСЛОВЕНИЕ ПЕРЕД СМЕРТЬЮ	40
МОШЕ – ЭТО ПОЛАЯ КУКЛА	43
СКАМЕЙКИ И КОВРИКИ	47
МНЕ НИЧЕГО НЕ НАДО	49
ГЛАВА «МАТОТ»	**53**
ТРАНСФОРМАЦИЯ В ПУСТЫНЕ	54
ОН НЕДАРОМ ИЗУЧАЛ МАРКСА	57
РЕЧКА ПО КОЛЕНО	61
ПОД ВЛАСТЬЮ ОТЦА ИЛИ МУЖА	64
НО ВДРУГ ОНИ ПОШЛИ ДАЛЬШЕ	**67**
СОБЛАЗН ИДОЛОПОКЛОНСТВА	70
ЖРЕБИЙ! НЕИЗВЕСТНОСТЬ! ИСПЫТАНИЕ СУДЬБЫ!	74
И НЕ НАДО ВСТРЕЧИ...	77
ЭТО НЕ ПЕРСОНАЖИ. ЭТО СИЛЫ ПРИРОДЫ	80
ТРУБА ЗОВЕТ! ПОБЕДА ГАРАНТИРОВАНА!	83
НО ПОРАЖЕНЬЯ ОТ ПОБЕДЫ ТЫ САМ НЕ ДОЛЖЕН ОТЛИЧАТЬ	86
БИЛАМ И АМЕРИКАНСКИЕ ЕВРЕИ	88

ЖЕНСКИЕ ЖЕЛАНИЯ – САМЫЕ ВРЕДОНОСНЫЕ	93
НАДО ОЧЕНЬ ЗАХОТЕТЬ	96
А ТЫ – БЛИЖЕ ВСЕХ К ТВОРЦУ	99
КОГО ОСТАВИТЬ В ЖИВЫХ?	102
ЕВРОПА С УДОВОЛЬСТВИЕМ СДАСТ НАС	104
УЧИТЕЛЬ МОЖЕТ БЫТЬ ОДИН НА ВЕСЬ МИР	107
ЯЗЫЧЕСТВО, ХРИСТИАНСТВО, ИСЛАМ	109
ВЫ ИХ УБЕЙТЕ	112
ГРЯЗЬ И РЖАВЧИНА	115
СМЕСТИТЬ ТВОРЦА И СТАТЬ НА ЕГО МЕСТО	118
КАЖДОМУ ПО ВОЗМОЖНОСТЯМ	120
ЦАРЬ МАХНУЛ НЕБРЕЖНО РУКОЙ	123
БРАСЛЕТЫ, ПРЯЖКИ, КОЛЬЦА, СЕРЕЖКИ	125
НЕ ПЕРЕВОДИ НАС ЧЕРЕЗ ИОРДАН	128
И ВОСПЫЛАЛ ГНЕВ БОГА В ТОТ ДЕНЬ	131
ГЛАВА «МАСАЕЙ»	**135**
ВСЁ-ТАКИ ОНИ – ГЕРОИ	*136*
ГИРЯ НА ЛЕВОЙ НОГЕ	140
ХРАМ ИЗ БЛОКОВ ЕГИПЕТСКИХ ПИРАМИД	144
ИСКУССТВО ПРЕВРАТИЛИ В РЕЛИГИЮ	148
МЫ ВДРУГ ОКАЖЕМСЯ В ДРУГОМ ИЗМЕРЕНИИ	151
И ДВИНУЛИСЬ, И РАСПОЛОЖИЛИСЬ	153
ТАК ЧТО ПЛАКАТЬ ХОЧЕТСЯ	155
МЫ И СЕЙЧАС НАХОДИМСЯ В РАЮ	159
Я НЕ ЗНАЮ УЖЕ, К КОМУ ОБРАЩАТЬСЯ	162
КАББАЛИСТИЧЕСКАЯ ГЕОГРАФИЯ ИЗРАИЛЯ	164
ДВА БЕРЕГА ИОРДАНА	168
ПУСТЬ «РАССТАВЛЯЕТ СКАМЕЙКИ»	169
СЛУГИ НАРОДА	172
ГОРОД ДЛЯ УБИЙЦ	176
НАША ЖИЗНЬ – ТЮРЬМА	178
ПРОИСХОЖДЕНИЕ ВЕНДЕТТЫ	181

ПРИШЕЛЕЦ: «Я С ВАМИ»	185
ПРИСЛУГА ПО НАСЛЕДСТВУ	187
ВСЕ ВИДЫ УБИЙСТВА ЧЕЛОВЕКА В СЕБЕ	189
УБИТЬ И ВОСКРЕСИТЬ УБИЙЦУ	191
РЕЖЕМ, УБИВАЕМ, СЖИГАЕМ	194
ЗАКОН ОТРИЦАНИЯ ОТРИЦАНИЯ	197
ТОЛЬКО СВОИМИ ГЛАЗАМИ	200
ВЫКУП НЕ БЕРЁМ	204
ПОЙМАТЬ ТВОРЦА В СЕТИ	207
ПЕЧЕНЬ ОТДЕЛЬНО И СЕЛЕЗЕНКА ОТДЕЛЬНО	210
КАК РАЗОГНАТЬ И СНОВА ПОСТРОИТЬ ООН?	213
ГЛАВА «ДВАРИМ»	**219**
ТОРА НА 70 ЯЗЫКАХ МИР	220
ИДИТЕ НА ГОРЫ	223
ЭТО – НЕ ЛЮДИ, И ЭТО – НЕ МОШЕ	226
ЦАРСКИЕ «ПРИВИЛЕГИИ»	229
ВЕЛИКАЯ И СТРАШНАЯ ПУСТЫНЯ	232
В ПОИСК ОПАСНЫЙ УХОДИТ РАЗВЕДКА	237
ОТПУСКАЙ ВЕТКУ. Я ПОМОГУ ТЕБЕ	241
ПОКОЛЕНИЕ УМИРАЕТ	245
ПЕРЕД СМЕРТЬЮ. ОГЛЯДЫВАЯСЬ НАЗАД	250
И ВЕРНУЛИСЬ ВЫ, И ПЛАКАЛИ ПРЕД БОГОМ	255
ПОКУПАЙТЕ ЗА ТО СЕРЕБРО	259
КРАСНЫЕ ГОРЫ, КРАСНЫЕ КАМНИ	265
Я ТЕБЯ ОТЫЩУ НА КРАЮ ЗЕМЛИ	270
ОГ, ЦАРЬ БАШАНА, В ЖЕЛЕЗНОЙ КОЛЫБЕЛИ	275
ЗАЧЕМ УМИРАТЬ, ЧТОБЫ ОЩУТИТЬ ЭТУ ТОЛИКУ ВЕЧНОСТИ?	277
ПРИЛОЖЕНИЕ	**281**
ОБ ИЗДАНИИ «ТАЙНЫ ВЕЧНОЙ КНИГИ»	282
СОДЕРЖАНИЕ ТОМОВ	283
МИХАЭЛЬ ЛАЙТМАН	284

ОГЛАВЛЕНИЕ

СЕМЕН ВИНОКУР 284

МЕЖДУНАРОДНАЯ АКАДЕМИЯ КАББАЛЫ 285

ОБУЧАЮЩАЯ ПЛАТФОРМА МАК 285

ИНТЕРНЕТ-МАГАЗИН КАББАЛИСТИЧЕСКОЙ КНИГИ 286

Предисловие

Когда мы снимали серию телепередач «Тайны Вечной Книги», мы все время ловили себя на мысли: «Лишь бы не прекращалось это чудо»…

Вот именно для того, чтобы сохранить это ощущение, мы и оставили все, как было.

Вот так, в виде свободной беседы все и происходило.

Мы получали ответы на сложнейшие вопросы.

Перед нами раскрывался волшебный мир Торы.

Точнее сказать, мы впускали ее в себя.

И открывалось нам, что это действительно инструкция, и действительно единственная в своем роде.

В книге все сохранено. И даже личные темы, которые вдруг возникали по ходу беседы, они тоже вошли в книгу.

Дорогие читатели, мы советуем вам, «отпустите весла» и начните сплавляться по этой великой реке жизни, которая называется каббалистический комментарий к главам Торы.

Читайте не торопясь, тогда вы почувствуете неповторимый вкус этой книги.

И захотите прочитать ее еще и еще раз.

У нас надежный проводник. Он чувствует эту реку, как свою, она для него - родная.

Каббалист Михаэль Лайтман раскрывает нам тайны Книги, в которой написано абсолютно все о каждом из нас.

О том, как нам жить.

Как быть счастливыми.

Двинемся же вслед за ним в это увлекательное путешествие!

Семен Винокур, автор и ведущий серии передач с Михаэлем Лайтманом «Тайны Вечной Книги»

Глава «ПИНХАС»

МЫ НЕ ГОВОРИМ О ЛЮДЯХ

Новая глава называется «Пинхас» – по имени того, кто убил израильтянина, прегрешившего с маовитянкой.

Пинхас описывается в Торе как великий человек. На самом деле это – Моше, одно из его проявлений.

В предыдущей главе рассказывалось о Балаке[1]. Это персонаж, противоположный Пинхасу. Балак хотел проклясть Исраэль, а Пинхас, наоборот, – спасти его. Очень интересно, как происходит переход от одного состояния к другому, противоположному ему.

Здесь говорится, что Творец через Моше сообщает народу, что заключит союз мира с Пинхасом, который продолжит свое движение в Эрец Исраэль. Дальше следует повеление выступить против мидьянитян и полностью разгромить их.

В этой же главе Моше, выполняя повеление Творца, все-таки восходит на гору, чтобы в последний раз осмотреть Землю Израиля.

Имеется в виду, что с высоты своего подъема на уровень бины и кетэр он делает исправление вплоть до малхут. В духовных измерениях исправление означает подъем.

В начале главы Пинхас сказано:

/10/ И ГОВОРИЛ БОГ, ОБРАЩАЯСЬ К МОШЕ, ТАК: /11/ «ПИНХАС, СЫН ЭЛЬАЗАРА, СЫНА ААРОНА-КОЕНА, ОТВРАТИЛ ГНЕВ МОЙ ОТ СЫНОВ ИЗРАИЛЯ,

---

1 М. Лайтман. «Тайны Вечной Книги», том 9.

ВОЗРЕВНОВАВ ЗА МЕНЯ СРЕДИ НИХ, И НЕ ИСТРЕБИЛ Я СЫНОВ ИЗРАИЛЯ В РЕВНОСТИ МОЕЙ. /12/ПОЭТОМУ СКАЖИ: ВОТ Я ЗАКЛЮЧАЮ С НИМ МОЙ СОЮЗ МИРА. /13/ И БУДЕТ ОН ЕМУ И ПОТОМСТВУ ЕГО СОЮЗОМ ВЕЧНОГО СВЯЩЕННОСЛУЖЕНИЯ ЗА ТО, ЧТО ВОЗРЕВНОВАЛ ОН ЗА ВСЕСИЛЬНОГО СВОЕГО И ИСКУПИЛ ВИНУ СЫНОВ ИЗРАИЛЯ».

Как и всегда, мы говорим не о людях, а о свойствах и силах. Пинхас – свойство в общей системе сил. Со стороны Творца идет сила отдачи, со стороны творения – сила получения. Все неживые, растительные, животные и человеческие объекты нашего мира и Высших миров считаются единым творением. Тут мы сталкиваемся с действием основного закона Торы.

Задача Творца – привести творение к полному подобию Себе. Состояние полного подобия означает абсолютное слияние. Вся Тора рассказывает, каким образом произойдет слияние с каждым из нас и со всеми вместе, если мы будем идти в соответствии с ней.

Тора – это свет Творца, который исправляет нас. Он необходим эгоистическому желанию, чтобы перенаправить его на альтруистическое действие, вместо получения – на отдачу.

Ни в коем случае мы не можем работать на чистую отдачу, мы можем только получать ради отдачи. Действовать таким образом, чтобы наше получение было произведено не ради собственного насыщения, а ради желания сблизиться с Творцом, уподобиться Ему, вплоть до того, чтобы слиться с Ним.

Творец – это не тело, не объект, – это свойство! Если мы ощутим это свойство особым, великим, значимым, то тогда ради сближения с Творцом сможем действовать даже путем своего эгоизма. Для этого надо возвеличить свойство отдачи, любви, сближения, единения. Поставить это свойство выше, чем свои естественные, природные желания получать эгоистически, насыщаться, давить других, подниматься над ними.

Если все противоположные эгоизму свойства, действия, побуждения будут почитаться нами больше, чем эгоизм, то мы сможем приподняться над ним, то есть над собой. Сами мы не сможем этого сделать. Поэтому надо просить высший свет, Творца, исправить нас.

Задача изучения Торы, каббалы, заключается в умении правильно использовать высший свет, чтобы исправлять себя и сознательно, эффективно сближаться с Творцом – со свойством полной отдачи и любви.

ИСЧИСЛИТЬ – ЗНАЧИТ ПРОВЕРИТЬ

По указанию Творца проводится исчисление сынов Израиля. Этому придается большое значение – практически половина главы посвящены исчислению с перечислением имен и с другими подробностями.

В Торе говорится, что перепись сынов Израиля происходила по количеству и качеству каждой части нашего эгоистического желания в исправленном состоянии, а также по особенностям исправления каждой из них.

В принципе, из Египта выходит одно эгоистическое желание. Когда сыны Израиля получают Тору, свет действует на них, и они начинают различать в себе возможности

Глава «Пинхас»

разъединения и взаимного исправления, чтобы в результате прийти к единству.

Это и есть исчисление сынов Израиля, о котором говорится в Торе. Тут определяется, к какому колену относится каждый из них. Всего существует двенадцать колен, потому что четырехступенчатое эгоистическое развитие идет по трем линиям. Четыре раза по три – получается двенадцать частей, колен. Это первое.

И второе: сейчас речь идет не просто об их становлении, а о таком скоординированном единении между собой, которое позволит им взойти на уровень желания, полностью соответствующий свойству Творца. Это называется войти в Землю Израиля. Поэтому и проводятся с ними всевозможные исчисления: условия, давления, исправления, – то есть подготовка к восхождению на этот уровень.

Земля Израиля (*Эрец Исраэль*) – это очень серьезная, совершенная ступень, на которой малхут, называемая *Эрец* (от слова *рацон* – желание), становится подобной Творцу. Исраэль – *яшар-Эль*, то есть поднимается до уровня Творца.

Здесь рассказывается, что эта ступень постигается людьми в абсолютном сближении их между собой, включением в одно единое целое.

Связь между малхут и биной есть путь нашего исправления. Пятикнижие идет еще выше. Малхут поднимается до бины, принимает на себя свойство отдачи – это называется *хафец хэсэд* (абсолютное милосердие), потом начинает подниматься до кетэр, достигая ступени «получение ради отдачи».

Тора говорит о полном исправлении малхут свойствами бины.

«ОДИН, КОТОРЫЙ НЕ СТРЕЛЯЛ…»

В Торе постоянно появляется один, который отличается от всех остальных. Пинхас защитил Творца, убив израильтянина, который согрешил с моавитянкой (мидьянитянкой). Нахшон прыгает в Конечное море, чтобы показать путь спасения после бегства из Египта. Один из разведчиков, вернувшись из Эрец Исраэль, в отличие от других утверждает: «Нет, это страна, в которую мы можем прийти и взять».

Всегда только одно свойство выделяется из всех остальных. Оно является сложением, суммой, следствием всей работы, которую сделали все вместе.

Разведчики вернулись из Земли Израиля и сказали: «Нельзя войти туда, там водятся огромные великаны, они убьют и сожрут нас. Хотя там растут большие плоды, но они не для нас, нам не под силу сорвать их». Но среди них был один, который сказал: «Нет, мы обязаны войти в эту страну».

Быть не как все – это сумма всех сомнений, прегрешений, проблем, которые существуют в каждом из нас. Ведь Тора обращается к людям. И все, что она раскладывает по персонажам, существует в одном человеке.

Все разведчики сорганизовали того одного, который говорит: «Нет, надо идти». Иначе быть не может. Разве в нашей жизни происходит не то же самое? Скажи кто-то голословно: «Да, идем вперед и никаких разговоров!» – никакого постижения из этого не получится.

Постижение происходит в результате огромных сомнений, тебя отталкивают, третируют, тебя стирают.

Именно благодаря этому и вопреки этому ты поднимаешься и идешь вперед.

Выходит, только благодаря тому, что все лазутчики были против входа в Землю Израиля, один оказался «за»?

Да, это решение не против них, а в связи ними со всеми – как результат совместной работы.

Дальше говорится:

/14/ А ИМЯ УБИТОГО ИЗРАИЛЬТЯНИНА, КОТОРЫЙ УБИТ БЫЛ ВМЕСТЕ С МИДЬЯНИТЯНКОЙ – ЗИМРИ, СЫН САЛУ, ВОЖДЬ ОТЧЕГО ДОМА ШИМОНА. /15/ А ИМЯ УБИТОЙ МИДЬЯНИТЯНКИ – КОЗБИ, ДОЧЬ ЦУРА, ГЛАВЫ ПЛЕМЕН ОТЧИХ ДОМОВ В МИДЬЯНЕ.

Все время очень досконально называются имена…

Имя означает духовную ступень. Когда мы достигнем определенного духовного уровня, то будем вычислять сами, какой ступени надо достичь, чтобы наше желание стало, скажем, мидьянитянкой. И будет понятно, какое напряжение необходимо нам, чтобы победить эгоистическое желание обладать ею.

Победить эгоистическое желание означает убить его. Убивая, мы восходим на уровень Пинхаса.

Пинхас, убивший израильтянина и мидьянитянку, – это уровень, до которого каждый должен подняться, то есть научиться убивать в себе свое эго. Поэтому и сказано: «Все должны достичь уровня Моше», а Пинхас – это Моше.

СОБЛАЗН КРАСОТЫ

В «Большом комментарии» написано, что она не просто мидьянитянка, а дочь главы племен, то есть серьезное эгоистическое желание, которое способно притянуть к себе своей красотой.

Красота означает, что в ней светит свет хохма. В этом и проблема. Красота притягивает. В нашем мире понятие красоты является производным от общественного мнения. Мы оцениваем из своих собственных внутренних *решимот* (информационных записей). Например, нам не кажется, что китаянки красивы. А китайцы то же самое скажут про нас. Яркий пример того, как условности или наследственные вкусы человека определяют его видение.

В Торе говорится о другой красоте. Красота в Торе – это свечение света хохма. Больше всего света хохма было в Нахаше – змее, который выступал в роли соблазнителя. И Хава (Ева) тоже светилась светом хохма.

Что значит свет хохма в нечистых силах? Тебя притягивает этот свет. Но ты должен понимать: чтобы его получить, ты должен сделать *цимцум* (сокращение), построить *масах* (экран), вызвать на себя *ор хозэр* (отраженный свет), овладеть намерением ради отдачи. Если ты правильно к этому подготовлен, то можешь взять эту женщину, допустим, себе в жены.

Существует огромный перечень условий подготовки себя и ее к тому, чтобы получить высший свет через нее, то есть через желание. А ты – тот экран, то свойство, которое получает из этого желания.

Мидьянитянка находится на очень серьезном духовном уровне. Если через такое *кли* (ивр. «сосуд», здесь – духовный сосуд) ты хочешь получать ради отдачи, что значит жениться, взять ее к себе, то должен обладать очень сильным экраном.

Мидьянитянки или любые другие не иудейские жены – это эгоистические желания, в которых заключена огромная сила. Чтобы через них принять свет хохма ради отдачи, надо проделать большую работу.

В Торе мы и раньше встречались с тем, что на них нельзя было жениться и в Сдоме, и в Египте, и в других местах. Запрет существует, потому что на такие эгоистические желания нужны очень большие экраны. Если ты хочешь овладеть этим желанием во что бы то ни стало, то должен сделать так, чтобы она обрила себе волосы, состригла ногти, есть еще много других ограничений, направленных на ее исправление. И соответственно на тебе тоже лежит обязанность исправлять ее.

В Торе понятие «соблазниться на красоту» означает, что ты хочешь взять именно такой высокий уровень желания и работать с ним на отдачу. Это непросто. Это намного сложнее, чем работать с иудейскими женщинами, то есть с желанием, подготовленным для совместной работы мужской и женской части – *рацон* (желание) и экран. Тут требуется меньше подготовки и меньше исправления.

Пинхас убил израильтянина, который перескочил через ступень?

Да. Израильтянин соединил себя с таким эгоистическим желанием как мидьянитянка и вступил с ней в связь. Это значит, что он начал проводить свет хохма в оголенное, обнаженное желание без экрана, без правильного намерения, – этим он себя и убил.

Пинхас просто как бы зафиксировал состояние: далее это кли не пригодно к использованию, его надо дополнительно исправлять в других кругооборотах. С этого момента мы можем двигаться только без него. Поэтому имена четко прописаны в Торе.

Написано в «Большом комментарии»:

После гибели Зимри люди из колена Шимона упрекали колено Леви, говоря: «Мы не верим, что Пинхас – истинный ревнитель веры. Кроме всего прочего, со стороны матери он происходит от Итро, который откармливал телят для идолов. (Отец Пинхаса Элазар женился на женщине, принадлежавшей роду Итро)...

Обычные упреки. Мать Пинхаса принадлежала роду Итро. Да и сам Моше женился на Ципоре, дочери Итро, мидьянитянского жреца. Повторяю, что здесь имеется в виду высочайший уровень освоения света хохма, а не наш мир.

ВЫРОС ВНУТРИ ФАРАОНА

И дальше в главе «Пинхас» говорится:

«Как мог Пинхас действовать ради неба? Он вероломно убил нашего вождя либо из ненависти, либо из-за того, что была затронута его честь во время спора Зимри с Моше относительно мидьянитянской жены Моше, ибо Пинхас и сам из мидьянитян».

Моше можно было жениться на дочери мидьянитянского жреца. Это восходит к самому понятию, что такое Моше. Его мать происходила из колена Леви, он воспитывался у Батьи, дочери фараона, с одной стороны. С другой – имя Бать-я, *Бат-юд-кей* – в переводе с иврита означает «дочь Творца».

Фараон – это обратная сторона Творца. В течение сорока лет Моше воспитывался у фараона, который показал ему, насколько велика эгоистическая система, насколько эгоизм владеет всем миром.

Вся неисправленная малхут – это фараон. Моше вырос внутри этой системы. Затем, когда он убил египтянина, в нем проявилась «точка в сердце». Имеется в виду – убил египтянина в себе. И таким образом отошел от дома фараона.

Что значит – Моше убежал от фараона? Оторвался от этого свойства. С того момента и начался его путь к Творцу. Следующим свойством по дороге к Нему стал Итро.

Итро стоит посредине между фараоном и Творцом. Он не относится к фараону, существует отдельно от него и обучает Моше, как идти дальше. Моше обретает у Итро новое желание – не полностью эгоистическое, как у фараона, а другое – под названием Ципора.

Потом Моше вернется к фараону. Находясь на другом уровне, он уже умеет говорить с ним. Ведь по дороге назад перед Моше загорится куст, и явится раскрытие Творца, который направляет его.

Жена и дети Моше остались у Итро. А сам он получил миссию: идет один на борьбу со своим эгоизмом – с фараоном.

Здесь находится точка переворота?

Да. Моше включает в себя эгоизм фараона и относительный эгоизм Итро. Но если фараон включает в себя весь эгоизм, то Итро – только то, что нужно и можно исправить.

Так и написано, что девять сфирот подлежат эгоистическому исправлению, а десятую – *лев а-эвен* (каменное сердце) исправить нельзя.

Итро – это свойства, которые можно исправить. И поэтому, когда он приходит в стан Моше, то указывает ему порядок: разделить народ на десятки, сотни, тысячи, чтобы исправить его. Практически, рассказывает о своей структуре.

Что есть в эгоистической структуре сынов Израиля, кроме Итро? «Точка в сердце». Остальное – это Итро.

Итро знает систему, а Моше – нет. Он соединяется с ней, но не находится внутри. Поэтому Моше олицетворяется со свойством бины, а Итро – со свойством малхут, которую можно исправить.

И что еще тут интересно?! На дочери верховного жреца мидьянитян женился Моше. В главе «Пинхас» мы тоже имеем дело с мидьянитянкой. Возникает вопрос: чем мидьянитянка Козби хуже Ципоры, жены Моше? В чем разница? В том, что на уровне Моше уже можно произвести исправление.

СТАЛ КОЭНОМ ЧЕРЕЗ УБИЙСТВО

Пинхас стал коэном за свои личные заслуги: был «помазан» кровью Зимри, – так написано в «Большом комментарии».

Он достиг уровня коэна, убив в себе прелюбодея, то есть он исправил ту часть, которая неосознанно вступила в контакт с высшим светом без экрана, чтобы получить его эгоистически. Эта часть требовала: «Быстрее продвигайся! Иди, перескакивай через ступеньки!»

Быстрее – значит, «я хочу для себя», потому что если не ради себя, то могу остановиться. После полной остановки я начинаю движение с совершенно другим намерением. Ведь смерть – это отсутствие движения.

И дальше:

Кроме того, Творец обещал, что «потомки Пинхаса будут первосвященниками навеки».

Во времена Первого Храма от Пинхаса происходили восемнадцать первосвященников, а во времена Второго – восемьдесят.

Это награда за глубокую внутреннюю работу?

Это – духовный уровень, речь не идет о награде. Тут ничего не передается по наследству, как принято у нас на земле. Без личного совершенства, постижения, то есть без серьезной работы, нет духовного продвижения.

Обещание Творца заключается в том, что потомкам Пинхаса будет предоставлена возможность подняться до уровня первосвященника. Поднимутся они или нет, – об этом даже сам Творец как бы не знает. Что с ними произойдет, кем вырастут сыновья, – ничего не известно.

С одной стороны, Вы говорите, ступени «сын и отец» отрезаны друг от друга; с другой – известно, что старший сын Бааль Сулама – РАБАШ был великим каббалистом.

Ни в коем случае это не является законом. Так может быть и не быть. Мы видим, что сын рабби Шимона, сыновья еще нескольких великих каббалистов наследуют духовный уровень отца и идут дальше. Но это не правило, даже наоборот – больше противоположных случаев.

Все, что происходит, включено в общую систему. Нельзя говорить, что, если сын не идет за отцом, то он плохой сын. Здесь существует серьезнейшая многогранная, многосторонняя система, включающая в себя огромное количество ветвей. Как в каждом человеке есть подъемы и падения, и он обязан продвигаться именно таким образом – по двум линиям в третьей, так идет и между поколениями.

Человек проходит сам все стадии своего развития: возвышения, падения. На примере Моше мы видим, что нет каббалиста, который не испытал бы страшных ударов, унижений, причем не только от других, а даже от самого себя. Его бросают в такие состояния непонимания, прегрешения, слабости, глупости, которые обычному человеку кажутся легко преодолимыми: «О чем говорить?! Да здесь любой, верующий или неверующий, и то поступил бы намного лучше, мудрее, осторожней».

Человек поднимается, и параллельно в нем возбуждаются нелепые желания. На самом деле они огромные, не такие, как у простого человека, но делают из него глупца. И со стороны он выглядит как ребенок. Где его силы, его возможности преодолеть самые простые обстоятельства?! Людям посторонним абсолютно не понятно.

Через внешнюю оболочку человека они не ощущают его духовной ступени. И поэтому им кажется: «О чем вообще говорить с ним?! О Творце, о духовном пути?! На чем он спотыкается?! Что его усыпляет?! Что с ним делается?!».

Мы видим даже по нашим ученикам: идет вперед и вдруг входит в состояние, что ничего ему не хочется. И не может ничего сделать с собой. Сидит дома, смотрит сериалы, самые-самые тупые. Часами может смотреть! Даже не спать! Быть как бы проданным каким-то своим эгоистическим, нелепым, пустым свойствам! Жутко! И таких не один и не два, я это знаю от моих учеников. Должен пройти период, когда человек сам себя начнет презирать, отделяться от такого своего состояния. Ничего тут не сделаешь! Он должен пройти свой путь!

Самое главное при этом – быть внутри. Можно смотреть что-то, допустим, мне нравятся программы про животных или новости, иногда культура и путешествия, но параллельно я думаю, складываю. Потом мне это помогает объяснять ученикам некоторые состояния.

Происходят такие вещи и с целью отключения, особенно во время подготовки ко входу в духовное. Ну, а если уже начал подъем по ступеням, там появляются другие проблемы, более серьезные.

ПОЛОЩУТ ТЕБЯ, КАК ГРЯЗНУЮ ТРЯПКУ

Могут ли группа, товарищи вытащить человека из подобных состояний?

Частично своим примером они могут его зажечь, придать большую важность пути. Но вообще самое действенное, что может случиться с человеком, чтобы вытащить его из такого состояния, – это стыд. Вдруг обнаруживается за ним нечто постыдное, что произошло, допустим, 20 или более лет назад. Главное, что нашлась причина встряхнуть его. Это самое действенное! То, что вынудит двигаться вперед.

Никто не застрахован от проблем! Каждый должен пройти эти уровни. Мы все в итоге имеем дело с разбиением первого человека, первого кли – Адама.

Этого невозможно избежать особенно на маленьких ступенях. Даже если думаешь: «Это – не я, не со мной и не про меня! Это про всё общее кли. И не могу я об этом рассуждать, находясь на земном уровне. Ради духовного роста всё происходит, так буду находиться в этом состоянии». Ничто не поможет: постоянно забирают от тебя возможные оправдания твоего состояния.

Более того, зачастую просто бросают в грязь. Но потом отмывают, словно грязную тряпку, которую полощут в воде. Так происходит каждую секунду. В данный момент ты страдаешь, в следующий – наслаждаешься тем, что тебя полощут и ты отмываешься. И готов на это еще больше! Так происходит все время.

Сказано: «Нет праведника на земле, который делал бы только добрые дела и никогда не ошибался», – всегда за каждым стоят проблемы, возникающие вдруг и непонятно откуда. На каждого заведена папка! Причем такая, что деваться некуда. И вроде, ничего за тобой нет, но внезапно тебя подставили еще и еще раз. Иногда это могут быть сугубо личные проблемы, а иногда относящиеся к общему, но ты выставлен как участник.

Какими могут быть действия человека в таком случае? Можно дать ему несколько советов?

Как правило, происходит падение относительно общества, потому что нам надо собрать всех вместе. И тут ничего не поможет! Не за что ухватиться. Дана сила власти в нашем мире тому, кто уничтожает, как во времена потопа, воды которого должны пройти по тебе и, в конце концов, очистить тебя.

Конечно, возможны различные состояния. Они зависят от того, насколько ты связан с правильным окружением. Может быть, тебе дадут удар стыда на короткое время. А могут сделать из тебя пример для показательного суда и сопроводят его статьей в газете.

Так проводят человека, пока не поднимет он руки и не будет готов на все! Только быть точкой и ничего больше не надо! Это и есть вознаграждение – связь со свойством отдачи!

Под воздействием ударов ты получаешь возможность избавиться от своего «я». Именно благодаря стыду понимаешь, что необходимо приподняться над ним – и не ради своего спасения (как ты думал вначале), а ради того, чтобы быть в свойстве отдачи.

И пусть остаются проблемы, унижение, и даже еще больше проблем, стыда и всего, чего угодно! Пусть кричат из всех уголков мира, стыдят и плюют… Но внутри себя, тайно от них, выше, лишь бы находиться в свойстве отдачи. Это прекрасно!

Так проявляется одна и та же картина: праведник, в котором скрывается грешник. Без таких состояний невозможно продвижение. Но искать, умышленно вызывать их тоже не надо.

НАПАДИ ВНЕЗАПНО И РАЗГРОМИ!

Дальше написано в Торе:

/16/ И ГОВОРИЛ БОГ, ОБРАЩАЯСЬ К МОШЕ, ТАК: /17/ «ПРЕСЛЕДУЙ МИДЬЯНИТЯН И РАЗГРОМИТЕ ИХ. /18/ ИБО ВРАГИ ОНИ ВАМ В КОЗНЯХ СВОИХ, КОТОРЫЕ ОНИ ЗАМЫШЛЯЛИ ПРОТИВ ВАС В ДЕЛЕ ПЕОРА И В ДЕЛЕ КОЗБИ, ДОЧЕРИ ВОЖДЯ МИДЬЯНА, СЕСТРЫ ИХ, УБИТОЙ В ДЕНЬ МОРА ИЗ-ЗА ПЕОРА».

Творец всё время говорит: «Иди и разгроми их».

Разгроми эгоистические желания, которые ты должен полностью от себя отрезать. Ты очищаешь путь к ступени, которая называется Земля Израиля, и ее саму.

Проявление эгоистических свойств в человеке называется изменой. Затем ты понимаешь, что сейчас данное желание не может находиться в своем альтруистическом состоянии. Поэтому надо отрезать его от себя, то есть отрезать от высшего света, что означает убить, истребить его.

В «Большом комментарии» сказано:
Эта война должна вестись по особым законам.

1. Не давайте им шанса заключить мир. И хотя другие народы без предупреждения атакованы быть не могут, на мидьянитян ты должен напасть внезапно.

Мидьянитяне – настолько сильные эгоистические желания и настолько близкие к исправлению, что с ними опасно иметь дело. Когда Моше пришел в землю мидьянитян, возле колодца он встретил дочь царя мидьянитян Ципору. Она и привела его в дом Итро!

Тут мы сталкиваемся с эгоизмом, который находится на очень высоком уровне и понимает, что его можно исправить, ощущает в себе потребность в изменении. Эти желания – наши враги, но они нам очень близки – в этом заключается самое опасное! Поэтому «не давайте им шанса заключить мир». Они так близки, что могут незаметно привести меня к миру с ними.

И хотя другие народы без предупреждения атакованы быть не могут, на мидьянитян ты должен напасть внезапно.

Иначе не сможешь их исправить.

2. Когда возьмете в осаду их города, уничтожьте в них плодовые деревья.

Тора запрещает евреям вырубать плодовые деревья при осаде вражеских городов (Дварим 20:19). Города Амон, Моав и Мидьян в этом смысле являются исключением.

Никакие плоды от этих желаний, то есть так называемых народов, нельзя использовать даже на растительном уровне – *цомэах*, не говоря уже о животном и тем более – человеческом.

До человеческого уровня эти желания не доходят, потому что в них нет намерения на отдачу. На животном тоже невозможно их применение, потому что мы являемся частью животного мира. И даже о предыдущем растительном уровне говорится: «Уничтожьте плодовые деревья». Иначе, если начнешь их использовать, то сразу же станешь мидьянитянином.

КАК МОЖНО ПРОЖИТЬ БЕЗ МИКРОБОВ?

В письменной Торе написано:

/1/ И БЫЛО ПОСЛЕ МОРА: И СКАЗАЛ БОГ, ОБРАЩАЯСЬ К МОШЕ И К ЭЛЬАЗАРУ, СЫНУ ААРОНА-КОЕНА, ТАК: /2/ «ПРОИЗВЕДИТЕ ИСЧИСЛЕНИЕ ВСЕГО ОБЩЕСТВА СЫНОВ ИЗРАИЛЯ ОТ ДВАДЦАТИ ЛЕТ И СТАРШЕ, ПО ОТЧИМ ДОМАМ ИХ, ВСЕХ ПОСТУПАЮЩИХ В ВОЙСКО В ИЗРАИЛЕ».

В «Большом комментарии» сказано: Эрев рав из переписи были исключены.

Исключены из переписи, чтобы можно было определить, кто относится к *эрев рав* (великий сброд), и не причислять его к свойствам, которые можно исправить.

Что такое «исчисление»?

Перепись. Исчислением занимаются левиты, потому что они представляют собой свойство бины. Исчисляют, то есть проверяют человека, может ли его свойство малхут контактировать со свойствами бины.

Производится перепись по четырем стадиям желания: 1, 2, 3, 4 – и по трем линиям. Итого, двенадцать колен. Определяется, можем ли мы работать с этими желаниями. После проверки их на новом уровне, которого достигли, мы уже в состоянии отделить великий сброд (**эрев рав**).

Эрев рав – это эгоизм, который все время втягивает в себя, пожирает то, что добывается остальными, поглощает всё, что может. Он присасывается к здоровому обществу и считает себя выше остальных.

Тут возникает серьезный вопрос. Только что мы говорили о моавитянах, о том, что эти эгоистические желания надо уничтожить. Почему так же не говорится о великом сброде, который действительно

представляет собой серьезный, огромный эгоистический уровень? Почему не отделиться, не отсечь его?!

Отделиться и отсечь его, конечно, можно, но не уничтожить. Эти желания можно сравнить с микробами в нашем организме, которые помогают жить. Без них нельзя.

Человек – это сложная система, построенная на противоположностях, поэтому мы не можем без великого сброда, а они, естественно, не могут без нас. Они питаются от нас, как собаки и, с другой стороны, охраняют нас от самих себя, чтоб мы не уподобились им.

Мы сможем осознать и понять причинно-следственные связи этой системы только в конце исправления. На самом деле эрев рав пока необходим, хотя и доставляет огромные неудобства.

Все проблемы народа Израиля, его двенадцати колен, во время движения к Земле Израиля исходят от эрев рав. РАБАШ объясняет, что великий сброд – это люди, которые называются «боящиеся Творца, но работающие на фараона» (*ирей Ашем овдей паро*).

Они, как волки за стадом, идут за народом Израиля и кусают его со всех сторон. Но, нанося вред, они отбирают из стада самые непригодные элементы, за счет чего существуют сами и одновременно оздоравливают все «поголовье».

Вы подводите к равновесной системе сейчас?

Конечно. Равновесная система необходима. Эрев рав очищает народ от самых слабых членов общества, которые не могут быть Исраэль.

Это очень непростая система! На первых этапах кажется: «Зачем нужны волки? Ведь они нападают на овец». Потом приходим к выводу: «Волки нужны, чтобы овцы были здоровее и сильнее». И волки питаются, и овцы сильней, так как стадо избавляется от слабых особей.

Должно быть равновесное сочетание качества и количества. Допустим, если недостаточно волков, то не понятно, что будет с овцами. Какова пропорция количества волков относительно овец?

Приходим к очень интересному выводу, что равновесие в природе имеет довольно сложную зависимость. Если, например, будет больше воробьев, то станет меньше насекомых? А если размножать насекомых, то воробьев прибавится? Неочевидно.

Эта непростая зависимость друг относительно друга относится к общей системе равновесия в природе. Она же проявляется в истории с мидьянитянами, с эрев рав и прочими. Просто уничтожить эти свойства в нас нельзя! Можно убить их временно, чтобы потом вернуть и использовать, что называется «воскрешением мертвых». Но прежде необходимо произвести серьезную выборку.

ХОТЕЛ БЫ ОТДАТЬ, НО НЕЧЕГО

Глава «Пинхас» небольшая, но очень интересная. Пинхас отвратил гнев Творца от народа Израиля. Моше поднимается на гору. Интересная тема о дочерях Цлофхада, которые хотели получить надел в Эрец Исраэль. Говорится о Йеошуа: вместо Моше он войдет в Землю Израиля.

Мы добрались до исчисления, которое проводится перед входом в Эрец Исраэль.

Глава «Пинхас»

/62/ И БЫЛО ИСЧИСЛЕННЫХ ИХ – ДВАДЦАТЬ ТРИ ТЫСЯЧИ…

/64/ И СРЕДИ НИХ НЕ БЫЛО НИ ОДНОГО ИЗ ИСЧИСЛЕННЫХ МОШЕ И ААРОНОМ-КОЕНОМ, КОТОРЫЕ ИСЧИСЛИЛИ СЫНОВ ИЗРАИЛЯ В ПУСТЫНЕ СИНАЙ, /65/ ПОТОМУ ЧТО СКАЗАЛ БОГ О НИХ: «УМРУТ ОНИ В ПУСТЫНЕ». И НЕ ОСТАЛОСЬ ИЗ НИХ НИКОГО, КРОМЕ КАЛЕВА, СЫНА ЙЕФУНЭ, И ЙЕОШУА, СЫНА НУНА.

Да, все поколение вымерло. Как иначе можно взойти на следующую ступень, если не вымрет предыдущее поколение? Вероятно, изначально могла предполагаться одна трансформация, а потом было вынесено другое решение.

Ведь невозможно сделать такое преобразование гладким путем, чтобы к предыдущему состоянию «выходцев из Египта» прибавить следующее за ним «поколение пустыни» и затем – «поколение, вошедшее в Землю Израиля». Эти три ступени очень отличаются друг от друга.

На самом деле все предположения в Торе – что было бы, если б случилось так или иначе – имеют в виду, что этого не может быть по определению. И далее раскрывается, почему невозможно. Потому что желание, которое вышло из Египта, не в состоянии достичь такого уровня исправления, чтобы войти в Эрец Исраэль.

Ступень «сорок лет исправления в пустыне», то есть подъем в бину, означает абсолютное отречение от своего прошлого состояния. И, естественно, что за сорок лет поколение пустыни должно отмереть.

Все равно оно не исправляет себя полностью, в нем остаются такие неисправные состояния, которые потом приведут к падению в Земле Израиля.

Малхут, которая поднимается в бину, включается в нее, насколько может. Но во включенном состоянии в бину это уже не та малхут, не то свойство, не те желания, – ведь они уже адаптированы под отдачу.

Что должно отмереть за сорок лет скитания по пустыне?

За сорок лет пустыни отмирает желание думать о себе. Должна возникнуть страсть находиться в свойстве отдачи. В любви – от себя, в наполнении других – от себя. Человеком овладевает стремление, которое основано на огромном уважении к свойству отдачи и любви. Все, что было до сих пор, человек оставляет за спиной, новое свойство тащит его вперед, к другим.

Свойство отдачи возникает в людях под воздействием окружающего света *(ор макиф)*, который постепенно чистит и исправляет их. Этот свет и называется светом Торы.

Отмирает прошлое, все мысли о себе, для себя, с собой – всё, где «я» не только связано с получением, но и «я», участвующее в отдаче. Если я кому-то отдаю, люблю, стремлюсь сделать что-то для людей, то даже в этом движении от себя «я» тоже не должно присутствовать.

Этого не объяснить, потому что такое состояние, такую возможность в нас создает высший свет.

Никто не знает, что это отдал именно я?

И я сам тоже не знаю. Это самое главное.

Достичь такого состояния можно только в пустыне. Имеется в виду не материальная пустыня, в которой, кстати говоря, люди прекрасно живут, там есть и вода, и все остальное, необходимое для жизни.

Пустыня – это твое состояние, в котором, устремляясь к отдаче и любви, ты обнаруживаешь, что тебе нечем наполнить эти свойства, устремления, побуждения. То есть я хочу прийти к кому-то, отдать что-то, хочу все от себя излить, а выясняется, что отдавать мне нечего и не к кому приходить. Другими словами, у меня нет никаких сил и оснований для формирования свойства отдачи, нет возможности к этому.

Мне показывают это именно для того, чтобы я вышел на чистое свойство отдачи, абсолютно никак не связанное со мной. А если каким-то образом связано, то это уже ради себя.

ТОРА – ЭТО МАТРИЦА

Добавьте немножко об исчислении. Все время в Торе появляются какие-то цифры: количество людей, семей, исчисления – первое, второе…

Исчисление – это мощность ступени, на которой ты находишься, она измеряется толщиной (величиной) желания и экраном на него. Желание, во-первых, должно быть под сокращением в применении ради себя. И, во-вторых, необходимо выяснить, насколько сейчас ты можешь использовать его ради других.

Любое желание ради себя я сокращаю и какую-то часть из него могу использовать для полной отдачи, без всякой связи с собой. Я не в состоянии использовать свое полное желание. Поэтому каждая ступень, каждая моя часть – это одна общая душа, которая разделяется на двенадцать частей.

Когда говорится об исчислении, речь идет о том, какова мощность отдачи каждой из этих частей относительно того, как они совмещаются, относительно их общего сосуда, желания, то есть общего стана.

Таким образом, видно, как люди преобразовались от первого исчисления, в начале своего вхождения в пустыню, и до выхода из нее. Сейчас они находятся в состоянии «вхождение в Землю Израиля», уже пригодном для работы здесь.

Тут не имеется в виду вхождение в географическое место Земля Израиля. Речь о том, что они дошли до состояния, когда могут поднять себя на духовный уровень Эрец Исраэль.

В Торе называются огромное количество имен. Что это в исчислении?

Это не имена, на самом деле. В Торе имена – это гематрии, то есть в них заключаются числовые значения.

Вся Тора – это матрица или, можно сказать, компьютерная программа, записанная путем гематрий. Она настолько плотная, сжатая, включающая в себя все возможные состояния всей природы и записана настолько универсальным языком, что невозможно ее сравнить ни с одной из современных компьютерных программ.

Определенно можно сказать одно, что Тора – это компьютеризированная система не просто взаимосвязей, а взаимной работы. Сначала записывается сама жесткая система, затем программа и далее – ее работа во всевозможных состояниях, от начального до конечного.

В итоге, здесь представлена история человечества, начиная с зарождения в Высшем мире, нисхождения в наш мир и подъема обратно в мир Бесконечности, с каждым индивидуально относительно остальных и всех вместе.

В общем, это поразительная возможность, которую каббалисты нашли в своем языке.

Когда-нибудь будет изобретен такой мощный компьютер, который сможет прочесть эту программу?

Нет. Во-первых, потому что считывающее устройство не сможет проиграть, считать эти действия, хотя они и записаны.

Кроме того, прочесть эту программу может только человек, который находится на соответствующем духовном уровне, то есть он должен постоянно меняться относительно того, что читает в каждый данный момент.

ОТДАЙТЕ НАДЕЛ ДОЧЕРЯМ ЕГО…

Дальше идет интересная тема о дочерях Цлофхада.

/1/ И ПОДОШЛИ ДОЧЕРИ ЦЛОФХАДА, СЫНА ХЕФЕРА… /2/ И ПРЕДСТАЛИ ОНИ ПЕРЕД МОШЕ, И ПЕРЕД ЭЛЬАЗАРОМ-КОЕНОМ, И ПЕРЕД ВОЖДЯМИ, И ВСЕМ ОБЩЕСТВОМ У ВХОДА В ШАТЕР ОТКРОВЕНИЯ, СКАЗАВ: /3/ «ОТЕЦ НАШ УМЕР В ПУСТЫНЕ, А ОН НЕ БЫЛ В СБОРИЩЕ СГОВОРИВШИХСЯ ПРОТИВ БОГА, В ОБЩЕСТВЕ КОРАХА, НО ЗА СВОЙ ГРЕХ УМЕР, И СЫНОВЕЙ У НЕГО НЕ БЫЛО. /4/ ПОЧЕМУ ЖЕ ИСКЛЮЧЕНО БУДЕТ ИМЯ ОТЦА НАШЕГО ИЗ СРЕДЫ СЕМЕЙСТВА ЕГО? ИЗ-ЗА ТОГО ЛИ, ЧТО НЕТ У НЕГО СЫНА? ДАЙ НАМ ВЛАДЕНИЕ СРЕДИ БРАТЬЕВ ОТЦА НАШЕГО!». /5/ И ПРЕДСТАВИЛ МОШЕ ДЕЛО ИХ ПРЕД БОГОМ.

Сам Моше не решился принять решение, хотя дело, в общем, не такое и сложное.

Нет, дело не рядовое. По сути род Цлофхада не согрешил, а в итоге получается, что надела нет. Не понятно, как возможно исправление, если не будет продолжения рода.

В данном случае об этом заботятся дочери – мужчин нет, то есть нет мужской части, которая определяет практически всё следующее течение. Поэтому естественно, что тут иного выхода не остается.

Вопрос в другом: почему Моше должен спрашивать об этом Творца?

Дело в том, что Моше – это не свойство, которое что-то решает. Он – посредник, свойство бины, которое находится между малхут и кетэром. Бина сама ничего не производит, но зато соединяет в себе все. Поэтому Моше всего лишь обязан связать их вместе.

В Торе нет предположительных указаний, что стоит сделать что-то так или иначе. Она рассказывает о действиях, которые должны произойти, и всё решается четко, конструктивно, изначально ясно каким образом.

Дочери Цлофхада заботятся сейчас об исправлении?

Дочери Цлофхада – это кли, которое находится на определенном уровне и должно пройти исправление. Но не понятно, какова его форма.

Есть такая форма кли, когда женская часть существует, а мужской нет. И тогда необходимо найти решение.

И говорится:

/6/ И СКАЗАЛ БОГ, ОБРАЩАЯСЬ К МОШЕ, ТАК: /7/ «СПРАВЕДЛИВО ГОВОРЯТ ДОЧЕРИ ЦЛОФХАДА. ДАЙ ИМ В УДЕЛ ВЛАДЕНИЕ СРЕДИ БРАТЬЕВ ОТЦА ИХ И

ОТДАЙ УДЕЛ ОТЦА ИХ ИМ. /8/ А СЫНАМ ИЗРАИЛЯ СКАЖИ, ЕСЛИ ЧЕЛОВЕК УМРЕТ, А СЫНА У НЕГО НЕТ, ТО ОТДАЙТЕ ЕГО УДЕЛ ДОЧЕРИ ЕГО. /9/ А ЕСЛИ НЕТ У НЕГО ДОЧЕРИ, ТО ДАЙТЕ ЕГО УДЕЛ БРАТЬЯМ ЕГО. /10/ А ЕСЛИ НЕТ У НЕГО БРАТЬЕВ, ТО ДАЙТЕ УДЕЛ ЕГО БРАТЬЯМ ОТЦА ЕГО. /11/ ЕСЛИ ЖЕ НЕТ БРАТЬЕВ У ОТЦА ЕГО, ТО ДАЙТЕ УДЕЛ ЕГО БЛИЖАЙШЕМУ ЕГО РОДСТВЕННИКУ ИЗ СЕМЕЙСТВА ЕГО, ЧТОБЫ ОН НАСЛЕДОВАЛ ЕГО. И БУДЕТ ЭТО СЫНАМ ИЗРАИЛЯ УСТАНОВЛЕННЫМ ЗАКОНОМ, КАК БОГ ПОВЕЛЕЛ МОШЕ».

Все время желание поднимается по иерархии к тому уровню, на котором может быть исправлено.

Дочери Цлофхада борются за удел. Удел – это земля, то есть желание. *Эрец* (земля) происходит от слова *рацон* (желание).

Разве у них нет удела?

Нет. Сейчас они входят в Землю Израиля, поделенную на 12 колен, на 12 частей. Это четыре буквы АВАЯ по три линии в каждой (4х3=12). Только таким образом можно производить исправление.

Если вдруг какая-то часть имеет дефект, то тогда невозможно исправить все остальные, ведь все взаимосвязаны. Поэтому здесь говорится об иерархии, каждая часть поднимается в свою очередь, исправляется на более высокой ступени, но в ее собственном ключе.

Здесь идут родственные связи, то есть исправление по одной и той же линии, не теряя свойств этой линии. Правая, левая, средняя – каждая из трех, по четырем частям – так идет развитие. В принципе, законы очень простые, направленные на то, чтобы не допускалось никакого как бы кровосмешения. То есть, говоря земным языком, существовало строгое запрещение на браки между коленами.

Все вращение происходит вокруг мужской линии: отец, братья...

Самое главное – мужская линия, конечно. Жен, в конце концов, можно брать со стороны. В женской линии, конечно, тоже надо разбираться. Например, о какой женщине идет речь: она уже имела мужчину или нет, – это абсолютно разные вещи.

Сегодня в нашем мире открывают биологические законы, которые говорят, что, если у женщины были другие мужчины, даже если от них не беременела, все равно она впитывает в себя их генетические коды. О том же самом свидетельствуют примеры из животного мира.

На самом деле, древние законы о том, что женщина должна принадлежать одному мужчине, необходимы для четкого сохранения генетического кода. Оказывается, любой мужчина, который оставил в женщине свое семя, навсегда в ней записан. И это передается уже через поколение.

БЛАГОСЛОВЕНИЕ ПЕРЕД СМЕРТЬЮ

Говорится дальше:

/12/ И СКАЗАЛ БОГ, ОБРАЩАЯСЬ К МОШЕ: «ВЗОЙДИ НА ЭТУ ГОРУ АВАРИМ И ПОСМОТРИ НА СТРАНУ, КОТОРУЮ Я ДАЛ СЫНАМ ИЗРАИЛЯ. /13/ И КОГДА ОСМОТРИШЬ ЕЕ, ПРИОБЩИШЬСЯ И ТЫ К НАРОДУ ТВОЕМУ, КАК ПРИОБЩИЛСЯ ААРОН, БРАТ ТВОЙ;

ГЛАВА «ПИНХАС»

/14/ ИБО НЕ ПОСЛУШАЛИСЬ ВЫ МЕНЯ В ПУСТЫНЕ ЦИН, КОГДА РОПТАЛО ОБЩЕСТВО, – ЧТОБЫ ЯВИТЬ СВЯТОСТЬ МОЮ У ТОЙ ВОДЫ НА ГЛАЗАХ У НИХ У ВОД РАСПРЕЙ».

Что значит посмотреть на страну сверху?

Моше – это свойство бины, причем ГАР дэ-бины, то есть внутри этого парцуфа находится и свет хохма. Смотреть на Землю Израиля – это значит, облучать ее своим светом, силой отдачи.

Моше перед своей смертью благословляет эту землю, благословляет исправление. Он смотрит на Землю Израиля – это означает, что свойство бины воздействует на малхут, после чего уже можно входить и покорять эту малхут, ее эгоистические желания, начинать с ними работать.

С одной стороны, для исправления огромного желания «Земля Израиля» тут уже подготовлены инструменты. Они называются «народ Израиля». С другой стороны, бина закончила все свое исправление и сейчас наносит последний штрих.

Моше прошел огромный путь. Не жалко этому желанию, или человеку, остаться тут и умереть в то время, когда все заходят в Землю Израиля?

Моше сделал все, что возлагалось на него, и выполнил свою миссию. Он – самый великий из Пророков, ничего другого в нем нет! Он настолько великий, что будь известно место его захоронения, там воздвигли бы музей, пантеон или мавзолей.

Специально таким образом и устроено, что невозможно найти гору Аварим. Это было 3000 лет назад. Нет такого состояния в человечестве, чтобы передавалась информация на историческом отрезке длиною 3000 лет, притом живая информация.

В Торе говорится, где Моше похоронен там, где он смотрел на Эрец Исраэль, как шел народ. Мы знаем, что все происходило в пустыне Негев. Но сами по себе события очень нереальные в том смысле, что в нашем мире даже нет такой передачи по живой цепочке – от поколения к поколению.

Передача духовной информации идет от первого человека, постигшего Высший мир, от Адама. Вся эта система, вся ее настройка действуют абсолютно четко по цепочке.

Намеренно сделано так, что неизвестно место смерти Моше и всё, что происходило вокруг него. Специально запутано, потому что будь известно место захоронения Моше, из него сделали бы святого и тогда его материализация стала бы для нас гибелью.

Авраам, Ицхак, Яков – это праотцы, очень древнее состояние, не связанное с нами.

Моше – это пророк, нет у нас более высокого, близкого нам дорогого человека, чем он. Мы действуем практически полностью в соответствии с его указаниями, с его методикой.

Моше – наш учитель. Поэтому нет никого выше, ближе, вернее и мощнее его.

Более или менее точно найдены могилы многих пророков – Элияху, Йосефа, даже Адама, Рахели, Авраама, а Моше – нет.

Да. Так сделано согласно Торе. Есть пророки, существуют их могилы под Иерусалимом, в других местах. АРИ указал места захоронения каббалистов в лесах Цфата. Но даже он не пытался найти место, где похоронен Моше.

ГЛАВА «ПИНХАС»

На протяжении трех тысячелетий после смерти Моше было много великих каббалистов, которые умели видеть все насквозь. Никто никогда не касался этого вопроса. Это так же, как с поисками ковчега. Нет указания в Торе искать его.

МОШЕ – ЭТО ПОЛАЯ КУКЛА

Моше поднимается на гору последний раз посмотреть на Эрец Исраэль, куда он не войдет. Но ведь надо, чтобы кто-то ввел народ туда?

В главе «Пинхас» говорится далее:

/15/ И ГОВОРИЛ МОШЕ БОГУ ТАК: /16/ «ДА НАЗНАЧИТ БОГ, ВСЕСИЛЬНЫЙ ДУШ ВСЯКОЙ ПЛОТИ, ЧЕЛОВЕКА НАД ОБЩЕСТВОМ, /17/ КОТОРЫЙ ВЫХОДИЛ БЫ ПЕРЕД НИМИ, И КОТОРЫЙ ВХОДИЛ БЫ ПЕРЕД НИМИ, И КОТОРЫЙ ВЫВОДИЛ БЫ ИХ, И КОТОРЫЙ ПРИВОДИЛ БЫ ИХ, ЧТОБЫ НЕ БЫЛО ОБЩЕСТВО БОГА, КАК СТАДО, У КОТОРОГО НЕТ ПАСТУХА».

Надо, чтобы общество было как стадо, у которого есть пастух. Так оно и есть – об этом сказано абсолютно четко. Моше назывался верным поводырем, которому Бог указывал, каким образом вести стадо – народ. Моше делает всё: выводит, вводит, выходит, принимает решения. Он наместник Творца.

Но все должны понимать, что, являясь наместником Бога на земле, он подобен полой кукле. Он делает из себя пустоту, чтобы в него вошел дух Творца и через его оболочку руководил всеми.

Моше не имеет собственного я. Моше – это уровень бины. И пришло время избрать следующего именно такого предводителя.

В письменной Торе написано:

/18/ И СКАЗАЛ БОГ, ОБРАЩАЯСЬ К МОШЕ: «ВОЗЬМИ СЕБЕ ЙЕОШУА, СЫНА НУНА, ЧЕЛОВЕКА, СИЛЬНОГО ДУХОМ, И ВОЗЛОЖИ НА НЕГО РУКУ ТВОЮ. /19/ И ПОСТАВЬ ЕГО ПЕРЕД ЭЛЬАЗАРОМ-КОЕНОМ И ПЕРЕД ВСЕМ ОБЩЕСТВОМ, И ДАЙ ЕМУ УКАЗАНИЯ НА ГЛАЗАХ У НИХ. /20/ И ДАЙ ЕМУ ОТ ВЕЛИЧИЯ ТВОЕГО, ЧТОБЫ СЛУШАЛОСЬ ЕГО ВСЕ ОБЩЕСТВО СЫНОВ ИЗРАИЛЯ. /21/ И ПУСТЬ ОН СТОИТ ПЕРЕД ЭЛЬАЗАРОМ-КОЕНОМ, А ТОТ БУДЕТ СПРАШИВАТЬ ДЛЯ НЕГО РЕШЕНИЕ УРИМ ПРЕД БОГОМ; ПО СЛОВУ ЕГО БУДУТ ВЫХОДИТЬ И ПО СЛОВУ ЕГО БУДУТ ВХОДИТЬ ОН, И ВСЕ СЫНЫ ИЗРАИЛЯ С НИМ, И ВСЕ ОБЩЕСТВО».

Творец говорит Моше: «Возложи на него руку», то есть передай ему всю свою силу.

«И дай ему от величия твоего, чтобы слушалось его все общество сынов Израиля» – это значит, не только свою силу, но и свою связь с народом передай ему.

Дальше говорится в «Большом комментарии»:

Хотя твои сыновья так же мудры, как твой ученик Иеошуа, и никто не может заменить тебя, … тем не менее твои сыновья не равны Иеошуа в любви к Торе. Иеошуа отдавал все свои силы обретению мудрости, потому что он очень любит Тору. В его исключительном стремлении служить тебе, его учителю, он пренебрегал своим собственным достоинством. Каждый день он приходит в дом учения очень рано и уходит

поздно, для того чтобы привести в порядок скамейки (учителей, которые сидели на них) и коврики (учеников, которые сидели на полу).

Его преданность Торе неподражаема. Теперь он пожнет плоды своей любви к ней. Он поведет еврейский народ.

В земном смысле слова я бы не сказал, что вести свой народ является хорошим вознаграждением. Однако в духовном – это еще тяжелее! Во много-много раз!

Но все же почему именно Йеошуа избран вести народ дальше? Потому, что он мог отменять себя перед всеми: и перед учениками, и перед великими мудрецами, он был готов на все, чтобы отменить себя.

Самой главной заповедью Торы является работа человека, чтобы аннулироваться и таким образом сделать себя абсолютно пустым от своего «я». Тогда его желание наполняется духом свыше, высшим светом. Этого достиг Йеошуа. Кроме него никто не мог подняться на такую высоту.

Написано, Йеошуа прислуживал Моше в его духовной академии. Что это значит? До того, как был создан Санедрин – Великое собрание, у Моше был свой класс – 120 учеников занимались, сидя на полу на ковриках.

Йеошуа, находясь в классе, не столько занимался, сколько отменял себя относительно каждого из 120 учеников, то есть опустошал себя. Он наполнялся в соответствии с тем, что получал от Моше и от Творца. Это особое свойство души. Поэтому Йеошуа и мог занять место Моше.

Продолжать передавать Тору может только такой тип души, которая отменила себя перед каждым из 120 учеников, как великих, так и маленьких. Опустошаясь, она как в вакуум засасывает в себя всё, что идет сверху от Моше и от Творца. Поэтому самое большое величие, самое большое знание и сила находятся именно в Йеошуа.

Таким образом и принимается Тора. Свет не может войти в иное кли. Тот, кто интересуется знаниями, получает маленькую толику света, но это не тот уровень, какого мог достичь Йеошуа.

Все знание, весь высший свет вошли в него без искажения, потому что он отменял себя, не делая никаких собственных выводов, изречений, ухищрений, толкований. Не учил, а просто раскрывал себя, чтобы наполниться.

Отмена себя – самое верное средство получения высшего знания. Но и самая тяжелая работа. Ни в коем случае она не находится в разуме, она – только лишь в сердце. «Мудрый сердцем» говорится в Торе о Бецалеле и его учениках. Потому и смогли они построить Храм.

Сказано об Йеошуа: «Человека, сильного духом…» – и больше ничего в письменной Торе о нем не написано.

Сильного духом, потому что смог освободить себя от всего эгоистического намерения. И потому наполнился духом Творца.

«Большой комментарий» так и расшифровывает, что такое сильный духом – это полная отмена. Никаких знаний, человек не сидит, не учит ничего, не слышит, не видит. Он знает только одно – абсолютная отмена себя. Ученик полностью отменяет себя, если его учитель может быть проводником высшей силы.

ГЛАВА «ПИНХАС»

СКАМЕЙКИ И КОВРИКИ

На утренних уроках мы все сидим и учимся. У нас есть дежурные, человек 70, – они обслуживают урок в техническом плане, транслируют, переводят его. Но в чем здесь отмена?

Тут все зависит от того, как каждый себя поставит. Дело ведь не просто в том, чтобы подать кофе, расставить стулья, подготовить помещение для остальных – много значит физическое обслуживание. Существует строгое расписание, определенный порядок, чтобы люди не спорили из-за мест и так далее, это с одной стороны.

С другой стороны, очень важна направленность мыслей человека во время урока. Как он себя отменяет, как желает, чтобы впиталось это во всех.

Человек обязан проверить каждый свой вопрос: не эгоистически ли он задан, на что он направлен: на собственное наполнение или призван помочь всем остальным. Надо стремиться через вопрос проявить в учениках величие Творца, чтобы окольным, альтернативным путем зародить в людях, сидящих на уроке, и вообще в мире устремление к отдаче, к связи.

Насколько в человеке развито самоотречение и забота обо всех, как о своих любимых детях, зависит от свойства Йеошуа в нас.

Это и есть сегодняшние «скамейки и коврики», которые приводил в порядок Йеошуа?

Да, то есть необязательно двигать скамейки и поправлять коврики, ведь тут иносказательно говорится о духовной работе. Самое главное, что при этом он обрел свойства, которые могут быть следующими за Моше.

Сейчас на Йеошуа лежит гораздо большая ответственность, чем на Моше в свое время. Он входит в Эрец Исраэль, начинается приближение к храмам.

Йеошуа – тот же Моше, только уже после испытаний, уже все прошедший. Это новая духовная ступень.

Совсем не так происходит в нашем мире, в котором мы наблюдаем постепенный упадок поколений. Когда-то были цари, как Александр Македонский, владевший половиной мира. Потом королевские династии начали мельчать, как Габсбурги, например, пока не исчезли совсем.

В духовном мире, когда говорим о событиях, начиная от Авраама и далее, от исхода из Египта и входа в Эрец Исраэль до построения Первого Храма, речь идет о постоянном подъеме, то есть каждое последующее поколение выше предыдущего.

До Первого Храма идет постоянное исправление. Первый Храм – самая высокая точка. До него был только подъем. А потом начался спуск. И поколения стали падать.

Далее в Торе происходит благословение Йеошуа:

/22/ И СДЕЛАЛ МОШЕ, КАК ПОВЕЛЕЛ ЕМУ БОГ, И ВЗЯЛ ЙЕОШУА, И ПОСТАВИЛ ЕГО ПЕРЕД ЭЛЬАЗАРОМ-КОЕНОМ И ПЕРЕД ВСЕМ ОБЩЕСТВОМ, /23/ И ВОЗЛОЖИЛ РУКИ СВОИ НА НЕГО, И ДАЛ ЕМУ УКАЗАНИЯ, КАК ГОВОРИЛ БОГ ЧЕРЕЗ МОШЕ.

Почему он должен поставить его перед Эльазаром-коеном и возложить руки на него?

Это благословение коэнов, когда они показывают свои руки, чистые от получения. Коэн – это ГАР дэ-бина, высшее свойство бины, поэтому они могут благословлять.

Коэн накладывает руки – свои эгоистические желания, но очищенные, исправленные – на народ. Тем самым он передает людям свойства, которые в своей основе были эгоистическими, но поднялись до уровня полной отдачи и силы, чтобы исправиться и подняться.

Максимально исправленный эгоизм соединяется с тобой, – это значит «возложил руки на твою голову». Все твои мысли, намерения, желания, которыми сейчас ты будешь руководить через свой эгоизм, будут находиться под намерением коэна, под его защитой. Человек будет смотреть через коэна на любые желания.

И дальше в «Большом комментарии» написано:
Так как Иеошуа не достиг твоей мудрости, передай часть своей мудрости ему. Подведи его и возложи на него свою правую руку. Таким образом ты наполнишь его той мудростью, которая нужна ему как лидеру.

Речь идет о ступени ГАР дэ-бина, в которой одновременно заключается свойство отдачи и любви и вся мудрость.

МНЕ НИЧЕГО НЕ НАДО

И сейчас мы подходим к жертвоприношениям.

/1/ И ГОВОРИЛ БОГ, ОБРАЩАЯСЬ К МОШЕ, ТАК: /2/ «ПОВЕЛИ СЫНАМ ИЗРАИЛЯ И СКАЖИ ИМ: ЖЕРТВУ МНЕ, ХЛЕБ МОЙ В ОГНЕПАЛИМЫЕ ЖЕРТВЫ МНЕ, В БЛАГОУХАНИЕ, ПРИЯТНОЕ МНЕ, СОБЛЮДАЙТЕ ПРИНОСИТЬ МНЕ В ПОЛОЖЕННОЕ ВРЕМЯ. /3/ И

СКАЖИ ИМ: ВОТ ОГНЕПАЛИМАЯ ЖЕРТВА, КОТОРУЮ ВЫ ДОЛЖНЫ ПРИНОСИТЬ БОГУ».

Несколько раз повторяется слово «Мне». Что это означает?

Ради Творца. Весь эгоизм, который остался в тебе, соскребай, как лопаткой, изнутри своей души, со стенок ее.

И всё это направляй к Творцу, ради отдачи и любви (свойства Творца). Бестелесное свойство – это идеал. Только на это отдавай и преобразовывай все свои остаточные эгоистические желания на отдачу.

На эту тему в Мидраше сказано:

Творец сказал Моше: «Обрати внимание людей на то, что Я не нуждаюсь в жертвоприношениях».

«Мир – Мой. Я создал всех животных, которых вы приносите Мне».

«Более того, Мне не нужна ни еда, ни питье. Я полностью отделен от физического мира и не нуждаюсь в земных приношениях, представляющих собой продукты питания».

«Даже если бы Я и нуждался в еде, Я бы не доверил свое питание жестоким существам».

«Почему Я приказал вам приносить жертвы? Я желаю их сладкого аромата – удовлетворения тем, что вы выполнили Мою заповедь. Соблюдая законы жертвоприношений, вы приближаете себя ко Мне».

То есть сказано: «Мне ничего не надо!»

Творец – это свойство, которое мы создаем внутри себя из наших определенных свойств, правильным образом соединенных друг с другом в виде полной отдачи и любви. Поэтому нет понятия «меня», «мне», и все, что человек делает и думает, что это ради Творца, на самом деле не существует: не для кого делать.

Высший духовный мир, духовные свойства не существуют в наших измерениях: с нашими мыслями и чувствами мы не можем подойти к ним. Поэтому я говорю, что этого нет! Всего того, что человек может вообразить, нет в духовном мире. Там совершенно другие плоскости.

Поэтому так говорит Мидраш: «Мне это совершенно не надо». Все это необходимо человеку, чтобы духовно возвыситься, приобрести такие свойства, с помощью которых постепенно он обнаружит внутри своих исправляемых свойств, что такое «Я – Творец».

Значит, Творец все-таки есть?!

Нет. Человек обнаружит Его как свои исправленные свойства, на которые он может указать и сказать: «Это Творец». И не более.

Вне меня Творца нет. Творец есть только в моих исправленных свойствах.

Свои свойства, желания, намерения, побуждения, – всё, что находится внутри, я довел до состояния, когда они направлены на абсолютную отдачу и любовь. Когда нет никакого поворота к себе, ради себя, тогда я обнаруживаю в этом свойстве, в его связи со всеми остальными такое состояние, которое могу назвать Творец.

Творец – это то, что образуется в итоге моих усилий и существует только в таком виде, то есть оно, действительно, виртуальное.

Мысль существует? Можно ли мысль назвать Творцом?

Творец – это не мысль, а движение души. Существует желание и вектор его направления: к себе или от себя. Внутри существует целый мир.

Мир, который мы строим над своим желанием и который направлен на «вне нас», называется духовный мир. Повернуть этот вектор наружу, от себя, позволяет нам Тора и наука каббала.

Она помогает нам повернуть его и расширить, создать целую область, в которой можно существовать вне себя, над собой. Это и называется Высший мир, в который я переселяюсь.

По мере того, как вхожу в Высший мир, я начинаю видеть, что то, что раньше называлось «мое я»: мое тело, этот мир и всё вокруг него – на самом деле матрица, которая давала мне такое представление о моем существовании. Люди, история, родные, я сам, неживая, растительная, животная природа – всё, что тогда я представлял в себе, ради себя.

Сейчас, если я начинаю видеть не в своей оболочке внутри, к себе, а вне себя, то тем самым постепенно рождаю духовный мир и вхожу в него. Приходит ощущение, что предыдущая оболочка – мое видение было, как во сне, и не более того.

Сказано в Псалмах царя Давида, что когда мы входим в Высший мир, то представляем предыдущий, как то, что привиделось во сне.

Глава
«МАТОТ»

ТРАНСФОРМАЦИЯ В ПУСТЫНЕ

Мы начинаем главу «Матот», в которой говорится о клятвах и обетах, о войне с Мидьяном.

Народ достиг такого состояния, когда уже полностью собраны, организованы, сформированы части общего движения к единению. Несмотря на то, что стоит задача объединиться вместе, «как один человек в одно сердце», все равно они должны соблюдать при этом заданное им от природы различие. То есть это 12 частей, 12 колен, так называемых, и все они двигаются вперед, формируются внутри, в связи между собой, образуя таким образом общий сосуд (на иврите «кли»), в котором затем раскрывается Высший мир и Творец.

То есть объединение людей преследует именно эту цель, иначе вся их организация абсолютно никому не нужна, бесполезна. Они прекрасно существовали в Египте, для них там был, я бы сказал, рай земной, но им захотелось другого рая, не земного, а небесного. То есть не основанного на материальной жизни, а на духовной жизни.

Только такими они могут войти в Эрец Исраэль, а другими они не вошли бы?

Конечно, другими бы не вошли. В Египте было, я бы сказал, буржуазное общество, прекраснейший капитализм. Были богатые и бедные, и вместе состояли на работе у фараона, между ними были нормальные капиталистические отношения,

И не было особой ненависти, противостояния.

Это был мир, подобный сегодняшнему миру. Так это было в Египте. И мы из сегодняшнего мира должны перенестись в следующий, – это то, чего они достигли, войдя потом в землю Израиля. Так и мы сегодня должны сделать.

Это очень интересная трансформация, которая должна произойти в каждом и во всем обществе. Эту трансформацию они подготавливают постепенно, за 40 лет в пустыне, и потом входят уже подготовленные в то состояние, которое называется «земля Израиля».

То есть между ними – пустыня. Это не пустыня, в которой, как мы думаем, бродит какая-то группа людей: 40 лет блуждают несчастные с места на место... Синайскую пустыню можно было пересечь за неделю-две со всеми их стадами, а у них и стад-то не было.

Они вышли из Египта и всё взяли с собой... Взяли с собой и животных, и все, что было. Но это все – двухнедельный переход.

А здесь 40 лет бродить в пустыне: мы должны понять, что это совершенно не то. Это перековка человека. Из человека, который живет ради себя, ради этого мира, ради того, чтобы обрести в нем как можно больше, утвердить себя в этом мире. Может быть, и в нормальных отношениях с другими, но когда человек себя ставит на вершину пирамиды. А перевести надо себя в такое состояние, когда на вершине пирамиды – природа, или Творец наверху ее – это не имеет значения.

Эта проблема решается двумя путями. Либо с помощью света Торы – Тора называется «свет», то есть особая высшая энергия, которая помогает человеку изменить себя, свое отношение к жизни, то есть понять природу в ее глобальном, интегральном проявлении. Или это можно сделать под воздействием страданий, когда человек начинает осознавать, что прошлое его существование – только для того, чтобы обустроить себя в этом мире, и оно не может продолжаться. То есть капитализм не может продолжаться вечно. И социализм не может продолжаться вечно, потому что они построены на конечном результате человека и его труда.

Просто, чтоб нам было хорошо.

Да. Бааль Сулам очень интересно говорит: «Какая разница человеку, едет ли он по железной дороге, которая принадлежит какому-то капиталисту, или она принадлежит его государству, – он этого не чувствует». Наоборот, может быть, капиталист будет больше заинтересован в том, чтобы сделать его путешествие комфортным. А государству все равно: оно монополист и поэтому не обращает внимания на человека, наоборот, оно говорит: «Пользуйся тем, что есть, и благодари за то, что это общественное». А зачем благодарить? Я лучше буду пользоваться капиталистическим, если оно лучше. И вот тут возникает противоречие между социализмом и капитализмом, но, в принципе, это один и тот же строй, только там один капиталист, а здесь много капиталистов, и они хоть как-то вынуждены делать что-то хорошее и для рабочих.

То есть, получается – строй, непригодный для жизни.

Да, социализм в советском виде полностью извратил Маркса.

Но и капитализм тоже сейчас уже отходит.

Оба строя как бы дополняющие друг друга: социализм – это утрированный капитализм. Конечно, они уже отмирают, потому что история движется вперед, – мы находимся в процессе развития.

Интересно, что происходит: производительные силы развиваются таким образом, что освобождают человека от труда. А самое главное – это ведь труд. За всю историю человечества труд определял все: отношение человека к природе, к миру, общественные отношения, отношения к себе – всё определял труд.

А сейчас мы пришли к состоянию, когда труд перестает быть главным для жизни, – это следствие нашего технологического развития. А следствие нашего внутреннего развития в том, что нам уже не требуются те лишние предметы, которые капиталисты хотят навязать, чтобы заработать себе еще больше денег. Тех бумажек, с помощью которых, как они думают, они могут нами управлять, я бы сказал – манипулировать. Через средства массовой информации они возбуждают в нас желания (кроме самых необходимых) к ненужным, лишним вещам, заставляя нас, как стадо, бегать за модой, за мишурой. Мы видим, что происходит в интернете, на телевидении.

Но это иссякает. У человека естественным путем, исторически получается, что исчезают эти желания. И мы приходим к тому, что нам необходима замена. Вот тут и был выход из Египта. Они прошли определенный этап своего развития...

ОН НЕДАРОМ ИЗУЧАЛ МАРКСА

Они ощутили порочность этого устройства?

Да, они просто не могли там остаться. Почему у первого фараона было все прекрасно, а со вторым фараоном начались проблемы? Это был один и тот же фараон, это в их глазах он стал другим! Так же и нам было хорошо в том состоянии, в котором мы жили. И вдруг мы начинаем ощущать порочность в своем существовании. И все стало плохим в наших глазах, и жизнь наша стала плохой. Вдруг в строительстве этих прекрасных городов: Питом, Рамсес – в Египте, мы увидели, что это пустые города.

И как следствие нашего внутреннего развития, общественные отношения, производственные отношения, даже семейные взаимоотношения – всё меняется вследствие этого внутреннего развития в человеке.

То есть за три с половиной тысячи лет мы пришли к тому же самому состоянию?

Да. Но то, что они сделали маленькой группой, сейчас проходит весь мир.

То есть просто увеличилось человечество, и оно проходит этой массой?

Отличие в том, что мы должны сейчас совершить быстрый переход пустыни – уже не за 40 лет. В том масштабе, в котором сейчас это будет проходить весь мир, сроки, естественно, будут ужиматься.

Вы говорите, что в мир начали впрыскиваться ускорители?

Да, мы видим явления, которые ускоряют процессы, и все происходящее происходит против воли человека: убийства политических деятелей, нарушение дипломатических правил, работавших десятилетиями... Такие жесткие действия буквально мгновенно меняют всё течение истории. И можно по-прежнему пытаться обвинять кого-то конкретного в происходящем, но мы видим уже следствия в нашем мире. И мы начинаем понимать, что все действия направляются, и люди действуют, как марионетки.

Высший режиссер работает?

Да, а люди только озвучивают роли. Вот это интересно. Глава «Пинхас» рассказывает о том, как происходило формирование общины.

Можно это сравнить с процессами, происходящими в наше время, когда человечество или какая-то большая его часть начинает осознавать, что необходима взаимосвязь, необходимо начать реформировать себя: сначала идет воспитание, внутреннее развитие и после этого реализация в жизни.

Мы сейчас находимся всего лишь на пороге развития, воспитания человечества, объяснения ему того, что с ним происходит, где он находится. И это является началом входа в пустыню. Я бы сказал даже еще подготовкой к началу. Еще многое нужно осознать окончательно перед тем, как подойти к необходимости объединения. Но этот процесс будет проходить очень быстро, мы видим, как сталкиваются цивилизации в Европе и другие стремительно развивающиеся процессы.

И затем, исходя из подготовки, будет уже следующий этап построения нового общества. И оно, по свидетельству Бааль Сулама, будет по Марксу, никуда не денешься. Его никто не понимал, никто!

То есть Бааль Сулам недаром изучал Маркса?

Да, он его очень хорошо знал.

Очень интересно, как исказилось это в Советской России, где процессы происходили насильственно – без обучения человека, воспитания его, не дожидаясь его внутренней трансформации в человека, живущего не ради предметов, а ради духовного возвышения.

Поэтому Бааль Сулам говорит, что социализм такого типа – проклятие на поколения.

А здесь, подготовив себя и ударами, и перевоспитанием в десятках, в сотнях, в тысячах, – именно таким образом они подготавливают себя ко входу в землю Израиля. И мы должны учиться, как это делать. Потому что там, за этой границей, на этом переходе существуют другие законы. Речь идет не о географических границах, поэтому ты никоим образом не имеешь права действовать там единолично, индивидуально – только лишь являясь интегральным элементом всего общества, ради всего общества и ради раскрытия Творца. Потому что «Земля Израиля» – это то место… Место – это имеется в виду желание, я не перевожу это каждый раз, потому что надо запомнить, что место в нашем мире ассоциируется с желанием в духовном мире, потому что желания в духовном мире строят наш предметный мир.

Место определяет…

Место определяет состояние, желание. То есть ты не можешь существовать в земле Израиля, если ты не настроен на сближение до уровня абсолютной любви. Поэтому Бааль Сулам говорит и о нашем времени: мы получили разрешение вернуться сюда на определенное время, если мы не достигнем здесь этого состояния, то земля нас выкинет. «Изрыгнет» – так и сказано в Торе, – если вы будете такими, земля эта изрыгнет вас, если наши желания не будут внутренние соответствовать желанию земли, ее состоянию.

ГЛАВА «МАТОТ»

РЕЧКА ПО КОЛЕНО

И потому в этой главе все начинается с подгонки желаний?

Да. Надо подогнать желание пустыни, это все-таки еще очень острохарактерный переход: во-первых, надо обойти, выйти там, где сейчас Иордания, в эти земли, Эдом, пройти через него (там Моше должен умереть) и войти через Йерихон, пересечь эту небольшую речку. Затем перейти Иордан. Это все олицетворение очень сильных, серьезных духовных преград, как бы экзаменов, которые они должны пройти.

То есть Иордан, какой бы мелкой речкой он ни был, разделяет Эрец Кнан?

Да. Два колена могут жить за Иорданом, но все остальные десять колен – внутри Израиля.

Сейчас мы как раз об этом поговорим.

В таком случае, очень интересно идет подточка, как мы говорим, проверка всех желаний. И начинается все с законов, которые Творец заповедовал Моше об отношениях между мужем – женой; между отцом – дочерью. Начинается с этого:

/2/ И ГОВОРИЛ МОШЕ ГЛАВАМ КОЛЕН СЫНОВ ИЗРАИЛЯ ТАК: «ВОТ ЧТО ПОВЕЛЕЛ БОГ: /3/ ЕСЛИ ЧЕЛОВЕК ДАСТ ОБЕТ БОГУ ИЛИ ПОКЛЯНЕТСЯ КЛЯТВОЙ, ПРИНЯВ ЗАПРЕТ НА СЕБЯ, ТО НЕ ДОЛЖЕН ОН НАРУШАТЬ СЛОВА СВОЕГО, ВСЕ КАК ВЫШЛО ИЗ УСТ ЕГО, ДОЛЖЕН ОН СДЕЛАТЬ.

/4/ А ЕСЛИ ЖЕНЩИНА ДАСТ ОБЕТ БОГУ ИЛИ ПРИМЕТ НА СЕБЯ ЗАПРЕТ В ДОМЕ ОТЦА СВОЕГО, В ЮНОСТИ СВОЕЙ, /5/ И УСЛЫШИТ ЕЕ ОТЕЦ ОБЕТ ЕЕ И ЗАПРЕТ ЕЕ, КОТОРЫЙ ОНА ПРИНЯЛА НА СЕБЯ, И ПРОМОЛЧИТ ОТЕЦ ЕЕ, ТО БУДУТ ИМЕТЬ СИЛУ ВСЕ ОБЕТЫ ЕЕ, И ВСЯКИЙ ЗАПРЕТ, КОТОРЫЙ ОНА ПРИНЯЛА НА СЕБЯ, БУДЕТ ИМЕТЬ СИЛУ.

/6/ НО ЕСЛИ ВОСПРЕПЯТСТВОВАЛ ЕЙ ОТЕЦ ЕЕ В ДЕНЬ, КОГДА УСЛЫШАЛ, ТО ВСЕ ОБЕТЫ И ЗАПРЕТЫ ЕЕ, КОТОРЫЕ ОНА ПРИНЯЛА НА СЕБЯ *(ПЕРЕД БОГОМ)*, НЕ БУДУТ ИМЕТЬ СИЛЫ, И БОГ ПРОСТИТ ЕЙ, ТАК КАК ОТЕЦ ЕЕ ВОСПРЕПЯТСТВОВАЛ ЕЙ.

Да. Богом называется Кетэр. Отец с матерью – это Хохма, Бина. Муж – Зэир Анпин. И самая низшая часть – это Малхут, которая, несмотря на то, что она низшая, определяет все.

Пока мужа нет?

Пока мужа нет. Малхут в своем желании развития может взять на себя выполнение любых действий относительно Творца.

Относительно Кетэра?

Да. Потому что она имеет право и может это делать. Но все ее действие должно происходить в соответствии с системой, от которой она получает.

Она получает от Зэир Анпина. Если Зэир Анпина нет (это ее будущий муж, допустим), то это ее отец. Это следует из законов, из общего строения системы десяти сфирот. Исходя из этих законов, Малхут должна находиться вначале под властью отца, а потом мужа, и никогда не имеет права быть самостоятельной.

То есть в данном случае – она под властью отца?

Да. Сейчас она пока под властью отца.

И поэтому говорится «если отец услышит…»?

Услышит – значит, он находится на уровне бины. Она поднимает МАН, она желает сделать что-то на полной отдаче. Она не в состоянии это сделать, но она желает этого. Значит, если отец согласен, то есть он берет на себя эту часть мужской работы в данном случае с малхут, и тогда это происходит – значит, малхут может работать на получение света. Если она выходит замуж, то, естественно, это все переходит под власть мужа.

В принципе, все наши просьбы, так или иначе, направлены к кетэру, в Эйн Соф (в мир Бесконечности). Оттуда они исходят и туда возвращаются.

Между нами и Бесконечностью существуют проводники – «отец» или «муж». И об этом здесь и говорится.

/7/ А ЕСЛИ ОНА ВЫЙДЕТ ЗАМУЖ, А НА НЕЙ – ОБЕТЫ ЕЕ *(данные Творцу)* ИЛИ СЛОВЕСНЫЕ ОБЯЗАТЕЛЬСТВА, КОТОРЫЕ ОНА ПРИНЯЛА НА СЕБЯ, /8/ И УСЛЫШИТ МУЖ ЕЕ… *а услышав,* ПРОМОЛЧИТ, ТО ОБЕТЫ ЕЕ БУДУТ ИМЕТЬ СИЛУ, И ЗАПРЕТЫ, КОТОРЫЕ ОНА ПРИНЯЛА НА СЕБЯ, БУДУТ ИМЕТЬ СИЛУ.

Да. И наоборот, если нет – то нет.

То есть муж является уже ее властителем, потому что через него проходят все ее просьбы и реализация малхут, через мужскую часть.

Я зачитаю то, что написано в Книге Зоар, маленький отрывок:

«Почему слово "женщина" (иша) происходит от слова "огонь" (эш)? Потому что она содержит в себе как свойство суда, так и свойство милосердия. Слово "женщина" (иша) состоит из слов "огонь Творца"… Иша – в конце "хэй", – то есть Творец.»

Написано о женщине. Но с какой высоты! Просто уже соединение с Творцом…

Это потому что женщина является творением, олицетворением творения.

ПОД ВЛАСТЬЮ ОТЦА ИЛИ МУЖА

Мы – женщины?

Мужская часть – нет. Я не говорю о мужчине и женщине в физиологическом смысле слова. Я говорю о том, что женское свойство является творением. И оно может быть реализовано только через мужское свойство – Творца. Но все, что заключено в ней, в женской части, это желание (!) – желание получать, которое надо исправлять в подобие желанию отдавать.

А мужская часть является здесь (но опять же, это не мужчина и женщина в нашем мире) всего лишь проводником, адаптером, для того чтобы адаптировать Творца к женской части так, чтобы женская часть стала подобной Творцу в работе с мужской частью.

Вообще, все человечество представляет собой творение?

Вообще, все существующее – это творение.

И это, в принципе, как женщина?
И это все называется «женской частью».

А когда она назовется мужской частью?
Никогда. Она может быть просто подобна мужской части, потому что мужчина – это Творец.

То есть, «прийти к подобию» – это и является целью творения?
Да. Тогда мы входим с Ним в полное сочетание, сближение, в соединение.

И теперь, если можно, сделайте вывод из того, что мы сейчас говорили о творении и соединении молитвой с бесконечностью. Все-таки с этого начинается глава.
Женщине (малхут) недостаточно самой выдвигать условия для какого бы то ни было духовного действия, а все ее обеты должны проходить или через отца, или через мужа, иначе они не будут подобны желаниям, свойствам кетэр, Творцу. И поэтому «если промолчал муж... промолчал отец»...

Это значит согласился?
Согласился, это не значит, что промолчал. Значит, нет возражений, все ее действия правильные, намерения правильные. Если же не промолчал, то естественно отменяются совершенно все ее желания. Потому что или Зэир Анпин, или Аба – две эти духовные конструкции – они стоят как адаптеры ее с кетэром, с Творцом. Потому что у женщины нет возможности по-другому соединиться с

Творцом, кроме как через отца или через мужа. И отсюда исходит закон, что она должна быть только под властью отца, а затем только под властью мужа, и ни в коем случае никогда одна.

А что это в работе человека?

Вот это и есть в работе человека. Я не имею в виду никакие внешние образы.

А что такое «одинокая женщина» во мне, в таком случае, если все-таки сравнивать?

Одинокая женщина – это желание, которое не ставит своей целью адаптировать себя под свойство отдачи Творцу. И оно называется «одинокая женщина», «одинокое желание».

И последний вопрос: что это за проверка такая перед входом в Эрец Исраэль?

Если перед входом в землю Израиля они не проверят все свои микро-желания, микро-элементы всей этой схемы, которую они создали в пустыне, где все 12 колен соединены между собой определенным образом, и каждое на своем месте, – если они сейчас не проверят себя, не проконтролируют себя, то все они могут просто упасть – земля их обратно отторгнет.

Условие, необходимое и достаточное для входа в землю Израиля – это проверка всего желания, которое, в общем, называется «женское».

Таким образом прорабатывается цепочка *соединения* с Творцом.

ГЛАВА «МАТОТ»

НО ВДРУГ ОНИ ПОШЛИ ДАЛЬШЕ

Эрец Исраэль (Земля Израиля) – это следующая духовная ступень, на которую они должны войти после того, как подготовились к ней за сорокалетнее путешествие в так называемой пустыне.

То есть существует определенный период времени, в течение которого человек должен проработать себя, подготовить себя, адаптировать к духовному уровню, сближению с другими – в котором затем раскрывается Творец. Это называется «Земля Израиля».

Земля Израиля – это та духовная ступень, на которой раскрывается Творец. До нее есть более низкая ступень, где идет подготовка, сближение с другими – все эти 12 колен постепенно сближаются. 40 лет – период подъема от Малхут в Бину, от состояния полного разброда (эгоизма) до состояния полной отдачи (альтруизма). И они в этом состоянии, когда полностью соединены между собой в одно общее единое целое, могут уже подняться и войти в Землю Израиля.

Это состояние называется «земля» – эрец (эрец – от слова «рацон» – желание). «Исраэль» (исра-Эль) – прямо к Творцу. В этом состоянии у них появляется желание объединиться вместе на уровне «возлюби ближнего как самого себя». И с этого уровня, внутри него, оно перерастает в уровень «возлюби Творца своего». Таким образом, порядок развития: от любви к ближнему – к любви к Творцу.

Когда кроме объединения между собой в них образуется еще и такое качественно новое объединение из любви к Творцу, тогда в этом объединении раскрывается Творец. И это называется «вхождение в землю Израиля».

Это соединение происходит ради того, чтобы соединиться с Творцом, – это постоянно было в них в течение всех сорока лет?

В течение всех сорока лет! С того момента, когда они получили Тору, то есть когда стало ясно, для чего они живут и развиваются, с того момента это направление абсолютно четко преследовалось ими. Ты не можешь сделать ни одного маленького шага, если ты не знаешь конечную цель.

И для того чтобы войти, оказывается, нужно разобраться окончательно с Мидьяном?

Мидьянитяне – это те желания внутри объединения людей, которые мешают им полностью объединиться.

И говорил Бог, обращаясь к Моше, так: «Отомсти за сынов Израиля мидьянитянам, затем приобщишься ты к народу твоему».²

А мидьянитяне – кто это? А Итро?

Итро – это царь Мидьяна, он и медьяитяне помогали Моше в свое время.

Такие здесь интересные качества проявляются, что те желания, которые когда-то толкали вперед, вдруг говорят: «Нет-нет, мы не об этом думали! Мы совсем не к этому вели! Ты куда-то не туда пошел! Ты туда иди, а не сюда!»

Это они (медьянитяне) направляют?

Да.

---

2   Тора, «Числа», «Матот», 31:01-31:02.

Когда-то он слушался их.

Когда-то он обучался у них даже! Моше обучался у Итро, как приподняться над фараоном. Но он, как хороший ученик, пошел дальше.

И потом Итро помог Моше. Организовал всю систему управления, обучения. И вдруг сейчас надо Мидьян уничтожить?!

Потому что Итро имел в виду, что люди этим воспользуются для своего нормального житейского эгоистического блага и сделают жизнь нормальной на этой земле. То есть чтобы всё было хорошо, все были спокойны, чтобы были хорошие взаимные отношения. Он не хотел такого ярого капитализма, как в Египте, он хотел более уравновешенное общество, когда нет особых противоречий. Раздели их на десятки, на сотни, на тысячи, поставь над ними судей, объясняй им, разъясняй, сделай всё как положено. Знаешь, как родители хотят, чтобы у их детей было, так сказать, уравновешенное, нормальное эгоистическое существование.

Профессия, семья, дом…

Да, обычные такие пожелания. Но вдруг они пошли дальше. То есть они прошли этот этап и отказались от него, и пошли еще выше.

Невозможно продолжать материальное развитие и духовное, потому что материальное развитие противоречит духовному. В материальном развитии ты должен больше работать и больше накапливать, и к большему стремиться, все время менять, все время уничтожать старое, то, что ты купил прежде, и покупать все время новое, и так далее, и так далее, пока Земля не истощится, и вообще тут ничего не останется, на этой Земле.

А духовное развитие преследует совершенно другую цель, – человек ограничивает себя потреблением необходимого для своего материального существования, но он начинает развивать духовное. То есть духовное – надстройка над материальным. И одно другому противоречит! Фараону это изначально противоречило, он уже изначально не хотел всего этого! А сейчас это противоречит и всем другим: Мидьяну, Эдому, эдометянам и всему прочему.

СОБЛАЗН ИДОЛОПОКЛОНСТВА

Поэтому Творец говорит: «Надо прежде, чем войти, разобраться с ними?» Надо отсечь?

Да. Это такие свойства в нас, не разобравшись с которыми, не приподнявшись над которыми, невозможно двигаться. Изменить их на другие – это значит умертвить их, потому что в том состоянии, в котором они есть в нас, мы ими пользоваться не можем. И поэтому мы должны что-то с ними сделать.

Сказано:

И говорил Бог, обращаясь к Моше, так: «Отомсти за сынов Израиля мидьянитянам, затем приобщишься ты к народу твоему».[3]

И вот говорится в «Большом комментарии»:

---

3   Тора, «Числа», «Матот», 31:01-31:02.

Творец сказал Моше: «Отомсти за евреев мидьянитянам, которые соблазнили их к идолослужению. Сделав это, ты приобщишься к своему народу».

Зная теперь, что не умрет, пока не уничтожит Мидьян, Моше мог бы отложить войну на несколько лет, чтобы продлить свою жизнь, однако он не колебался ни мгновения и немедленно начал собирать войска для битвы.[4]

Там в «Большом комментарии» есть такой «завиток».

Это надо понимать: здесь, конечно, не имеется в виду отложить, «*чтобы продлить свою жизнь*» и всё. И вообще тут о нашей земной жизни и смерти не говорится, говорится о духовном состоянии человека.

Но Творец ему говорит: «Сделай это, тогда ты приобщишься к праотцам».

Да. Тогда ты поднимешься на следующую ступень.

Тут уже понятно, почему существует такая проблема у Моше. **Подъем на следующую ступень – это** говорится о том, что он поднимается на еще большую ступень, в еще большую степень отдачи. И тогда он может еще больше выдать всему народу и Творцу. А Творец ему говорит: «Нет! Ты не стремись к следующей ступени, это против духовной природы. Ты оставайся здесь или даже принизь себя для того, чтобы воевать с этими качествами, которые называются мидьянитянами. И только потом ты дойдешь до состояния, когда ты себя умертвишь».

Принизить – значит, сейчас с ними воевать?

---

4 «Большой комментарий», недельная глава «Матот».

Да, потому что это совершенно противоположно свойству Моше, он-то уже от него оторван. Он должен спуститься на тот уровень, чтобы воевать с ними, войти в контакт с этими свойствами.

То есть на него они уже не влияют?!

Нет, конечно! Всё, что он подготавливает, он подготавливает только лишь для остальных свойств. Он – свойство чистой бины и не имеет никакой связи с желаниями эгоистическими, которые еще где-то проявляются и называются мидьянитянами.

То есть Творец ему говорит: «Ты так просто не поднимешься. Ты должен опуститься сначала и разобраться с Мидьяном».

Дальше говорится так:

И сказал Моше народу: «Пусть выйдут из вас люди в ополчение, и пусть выступят они против Мидьяна, чтобы совершить мщение Бога над Мидьяном. По тысяче из колена; от всех колен Израиля пошлите в ополчение».[5]

Двенадцать тысяч.

Да. Вот написано в «Большом комментарии»:

Моше объявил народу:

– Мы отомстим мидьянитам за Творца. Уничтожим их, мы очистим имя Творца, оскверненное их нечестивыми делами.

---

5   Тора, «Числа», «Матот», 31:03-31:04.

Это такие желания, которые не могут работать на отдачу. Они проявляются в нас в различных действиях. Мы должны провести серьезную ревизию, выявить их и исправить.

Творец спросил:

– Моше, почему, говоря о войне с мидьянами, ты называешь ее войной за Мою честь? Вы мстите мидьянам за себя, поскольку они нанесли вам большой ущерб!

– Владыка вселенной, – ответил Моше, – Ты знаешь, что если бы мы, как и мидьяне, были – необрезанными идолослужителями, отрицающими Твои заповеди, они не стремились бы уничтожить нас.

Конечно – на таком уровне, на котором были эти желания. То есть часть из желаний поднялась на уровень бины. Они отсекли от себя те части, которые невозможно исправить: это называется обрезанием крайней плоти, то есть таких эгоистических желаний, которые исправить невозможно, а остальные желания подняли в бину. Если бы они не ушли с этого уровня, то они были бы на уровне с мидьянитами, и у них не было бы никакой вражды.

И Моше говорит: «Значит, мы ведем войну за Твою честь!»

Да. Так они возражают друг другу. Для того чтобы просто выявить эти свойства.

Дальше говорится:

И снаряжено было из тысяч Израиля, по тысяче из колена, двенадцать тысяч вышедших в ополчение. И послал их Моше, по тысяче из колена, в ополчение,

их и Пинхаса, сына Эльазара-коена, в ополчение, и священные сосуды, и трубы для тревоги в руках его.[6] Моше собрал небольшое войско из 12 000 праведников, по тысяче от каждого колена…

«По тысяче от каждого колена»: тысяча – это духовный уровень, это не количество.

И поэтому называются «праведники». Потому что есть: единицы – это малхут, десятки – это Зэир Анпин, сотни – это бина, и тысячи – это хохма, ор хохма. То есть у них самый серьезный уровень, у них такое оружие в руках, против которого никто не может устоять.

Потому что свет хохма – это свет, который создает Вселенную, держит ее в себе.

ЖРЕБИЙ! НЕИЗВЕСТНОСТЬ! ИСПЫТАНИЕ СУДЬБЫ!

Именно эти были выпущены вперед?

Да. Уровень «тысяча» – это так.

Вот поэтому в скобках написано:
(никто из них не был причастен к греху с моавитянскими женщинами, ибо согрешившие не были достойны мстить за Творца).

Да, потому что это выше уровня связи.

И дальше написано так:

---

6   Тора, «Числа», «Матот», 31:05-31:06.

Глава «Матот»

> Еще по одной тысяче евреев от каждого колена было выбрано для охраны принадлежащего армии имущества и снабжения пищей. Третья тысяча представителей всех колен молилась, стоя у поля битвы.
>
> По указанию Моше Пинхас возглавил еврейское войско в войне против Мидьяна. Сам Моше битвой не руководил, ибо вырос среди мидьянитов и не мог *отплатить* за оказанную ему доброту черной неблагодарностью.
>
> Моше сказал: «Пусть Пинхас, который убил Зимри и Козби, завершит выполнение заповеди своим участием в войне».[7]

Вообще Пинхас – это как бы преображение Моше, его двойник на более низком уровне, но двойник. Та же ступень.

И дальше продолжает «Большой комментарий»:

> Когда воины услышали, что Моше суждено умереть сразу же после сражения, они стали отказываться от участия в нем. Каждый из них умолял его: «Пожалуйста, замени меня кем-нибудь другим! Я не хочу участвовать в битве!»[8]

Таким образом, они себя оставляют на низшей ступени, а Моше уже поднимается к еще более высокой ступени и прекращает контакт с ними. Это называется «умереть», «вознестись к праотцам».

---

7 «Большой комментарий», недельная глава «Матот».

8 «Большой комментарий», недельная глава «Матот».

Почему они не захотели участвовать в битве, а хотели оставаться здесь?

Потому что, отсекая мидьянитян, они этим отсекают от себя Моше. Он же у них родился как Моше. Был создан ими! Сорок лет жил среди них! Исправил в себе фараона с помощью мидьянитян. То есть мидьянитяне – это промежуточная ступень между абсолютно полным эгоизмом и альтруизмом. Сорок лет он был у фараона, сорок лет у мидьянитян, и сорок лет уже в пустыне с ними, и сейчас заканчивает эту часть.

То есть они понимают, что теряют Моше.

Если они их уничтожают (промежуточную часть), то всё, да.

И дальше написано:

Тогда Творец повелел Моше: «Брось жребий, и он укажет на тех, кто должен участвовать в этом сражении». Будучи избранными Божественным жребием, воины пошли на битву не по своей воле, а для того, чтобы исполнить Волю Творца.[9]

То есть с помощью света отсекается верхняя и нижняя части, которые могут идти верой выше знания. В этом случае для них уже не проблема то, что они останутся без поддержки Моше. Потому что они сами уже готовы войти на эту ступень.

А что такое жребий, который везде проходит?

Свет, высший свет. Он проявляет высший свет.

---

9   «Большой комментарий», недельная глава «Матот».

А что, когда мы играем в лото, – это не Высший свет?! Везде Высший свет.

Всё время существует какая-то надежда...
Нет! Крутится эта рулетка. Это четко видно по людям, которые сидят там, ждут этого, видно, как свет работает.

И что это в человеке?
Жребий! Неизвестность! Испытание судьбы! Это психологически очень глубокая вещь в человеке.

Так что, перебороть на самом деле это нельзя. Если ты это убираешь **от** человека, ему незачем жить. Чем нас волнует завтрашний день. Понимаешь? Иначе мы остаемся существовать как животные, только потому что тело существует.

Если отрезаешь завтрашний день?
Да. И тогда это черная жизнь для человека.

И НЕ НАДО ВСТРЕЧИ...

Эта неизвестность существует и в каббале?
В каббале она существует в трансформации светом, потому что та неизвестность, которая есть передо мной, она мне светит. Я начинаю к ней стремиться не для того, чтобы ею овладеть, я желаю, чтобы она оставалась еще большей неизвестностью и влекла меня вперед. То есть влечение является и реализуется как цель. Как в «Песнь Песней» написано: «Влечение к любимому».

И не надо встречи. Само это влечение – на самом деле, лучше, чем всё последующее.

То есть получение наслаждения в пути – это очень серьезная вещь?

Для этого надо развивать особые свойства.

Но чем хорошо? Почему духовное бесконечно? Потому что ты не достигаешь конца.

А как же я тогда нахожусь все время в стремлении, то есть в страдании? Это страдание любви! Они тебя наполняют. Не наши страдания. В нашем мире этого нет. Все равно ты стремишься, тебе хорошо, ты тоскуешь, ты потом вспоминаешь о таких периодах своей жизни…

Острых?

Да. И ты чувствуешь, насколько это было хорошо, ты скучаешь по тем состояниям. Но в духовном – нет.

Духовное – именно стремление к достижению единения с Творцом, оно и является наполнением кли. А достигаем ли мы единения? Нет. Мы достигаем состояния, когда это постоянное устремление, все возрастающее, безграничное устремление нас наполняет. Мы меняем свое желание. Это трудно объяснить, это постепенно в человеке происходит.

Бааль Сулам так пишет, что раньше нам казалось: «Да не важен этот путь, проскочить его быстрее! Главное – достичь цели!». А в итоге, в результате нашей духовной трансформации, мы начинаем видеть, что именно стремление – это самое главное.

То есть цели, о которой мы думали, мы не достигаем?

Она не нужна нам. Не нужна! Наоборот, когда ты достигаешь цель, ты унижаешь как бы этим саму цель. Она должна для тебя светить. И вот так, постоянно.

И именно когда ты меняешь свое мировоззрение, свое желание не к самой цели, а к стремлению к Нему, ты становишься равным этой Бесконечности. Ты вдруг получаешь это всё, и в то же время, когда ты это получаешь… Когда ты получаешь слияние с Творцом, оно постоянно, постоянно возобновляется, обновляется, потому что ты это получил в устремление к Нему, в котором ты желаешь остаться. Поэтому это как бы непрекращающееся слияние.

То есть ты в этом хочешь быть?

Это слияние постоянно. Оно становится постоянно регенерирующимся, само себя генерирует.

То есть идея человека о вечном двигателе является реалистичной?

Да. Но для этого ты должен поменять свою суть – с получения на отдачу.

И ты получаешь вечный двигатель?

Да. Слияние с Творцом – вечное. Вечное, потому что постоянно возобновляется, без конца. И в нем уже устремление каждый момент, в который ты существуешь, это и является и устремлением, и твоим желанием, и твоей целью, всё вместе.

Слияние света с тьмой – абсолютное. И они существуют вместе, в дополнении друг к другу, не сменяясь одно другим.

Что же возникает, если происходит это слияние? Что это за цвет тогда? Я себе представляю черный и белый.

Это невозможно сказать. Вот представь себе, свет и тьма абсолютно вместе существуют. Это не просто черный и белый... В нашем мире нет аналогии.

То есть нет промежутка между одним и другим?

В нашем мире существуют две субстанции отдельно. Или в каком-то контакте между собой, но где-то между ними можно что-то различить. А здесь говорится о том, что различение невозможно, никакого различия нет, неопределимо.

Это и называется вечностью?

Да.

То есть когда вы говорите: «Ты обретаешь вечность», – ты обретаешь это состояние?

Ты обретаешь состояние вечности.

ЭТО НЕ ПЕРСОНАЖИ. ЭТО СИЛЫ ПРИРОДЫ

Пойдем дальше.

И сражались они против Мидьяна, как Бог повелел Моше, и убили всех мужчин. И царей Мидьяна убили, среди прочих убитых: Эви, и Рекема, и Цура, и Хура, и Реву, пять царей Мидьяна, – и вот тут очень интересно, – и Бильама, сына Беора, убили мечом.[10]

Вот что пишет «Большой комментарий»:

---

10   Тора, «Числа», «Матот», 31:07-31:08.

> Моше сказал Пинхасу: «Я предвижу, что на поле битвы ты встретишь Билама. Возьми Ковчег и одежды коэна, а также, – ну, здесь пишется, – циц (головную ленту первосвященника), обладающий свойством противостоять силам нечистоты. Когда Билам начнет творить свои чудеса, подними циц, обратив его в сторону колдуна».
>
> **Перед началом сражения Моше вдохновил воинов на совершение заповеди, которая должна была очистить их даже и от налета греха. Он предвидел, что Билам вызовет силы нечистоты, и понимал, что евреи смогут одолеть их лишь в том случае, если будут совершенно безгрешны.**[11]

Тут готовятся к встрече с Биламом.

Потому что это самое сильное эгоистическое желание. Есть и другие, но… Если люди умертвляют его в себе, то тогда они готовы к следующей ступени развития.

Вы говорили, что Моше и Билам – это как бы одна ступень и Израиля, и народов мира.

Да, так и сказано. По уровню пророчества.

И вы говорили, что Моше и Пинхас – это как бы одно целое.

Пинхас – это часть Моше.

Поэтому Пинхас должен убить Билама?

Да. Но только если нарисовать всю схему и начинать в ней разбираться, то можно понимать, откуда исходит всё это. Потому что это силы природы, а не персонажи.

---

11 «Большой комментарий», недельная глава «Матот».

Еще раз: что значит убить Билама в себе, что значит – делает это Пинхас?

Это значит – не своими силами. Достичь состояния, когда высший свет дает человеку возможность отрезать в себе употребление этого желания, называемого Биламом. Отрезать от всех своих действий, причем так сделать это, чтобы Творец был как бы поручителем в этом действии. И тогда называется, что ты его полностью умертвил.

Когда твои следующие состояния не могут что-то изменить, чтобы ты снова взялся за старое и стал пользоваться этим желанием, называемым Биламом. А когда следующая ступень, более высокая, называемая Творцом, будет четко ограничивать тебя, и ты не сможешь никоим образом подобраться к этому желанию, называемому «Билам».

Почему именно сейчас приходит время Билама?

А потому что осуществляется вход в землю Израиля. Ты не можешь оставить его. Это желание, которое ты обязан, просто обязан в себе искоренить.

Искоренить – это значит, желания не пропадают, просто до поры до времени ты обязан их вывести из своего употребления, причем, когда не ты гарантируешь это, а следующая, более высокая ступень. То есть она тебе не даст свет, когда в тебе снова возбудится это желание.

А затем, в последующее время, в конце существования всего этого мира, при окончательном исправлении, вот тогда и проявятся вновь все наши «любимые» желания, которые до конца не уничтожил Моше: Амалек, Аман и прочие.

Это значит Билам, Балак, Аман.

И в итоге мы увидим нашего красавца фараона и придушим его.

То есть через них мы пробираемся к фараону? То есть как мы от фараона шли к ним, так мы и через них возвращаемся к фараону?

Да. Фараон – основа всех этих нечистых сил.

ТРУБА ЗОВЕТ! ПОБЕДА ГАРАНТИРОВАНА!

Продолжаем главу, в которой говорится о смерти Билама, о войне с мидьянитянами, о том, кого взяли в плен и почему оставили в живых, и так далее.

Тора говорит о внутреннем совершенствовании человека с уровня животного до уровня Творца. Откуда же мне взять слова, чтобы они были понятны тем, кто еще вообще даже не начал эту трансформацию, кто не ощущает в себе никаких внутренних метаморфоз и не понимает, не чувствует, не воспринимает, не воспроизводит в себе в соответствии с моими словами какие-то внутренние движения, побуждения, порывы, подъемы и падения? Как я могу это всё изобразить человеку так, чтобы он почувствовал это в себе и осознал, о чем же Тора говорит?

Пойдем дальше.

Я выбрал в «Большом комментарии» отрывок, который люди понимают очень прямолинейно. И он такой – экшен. Это тот момент, когда идет сражение между израильтянами и мидьянитянами:

> Следуя указанию Торы, евреи собрали свое войско трубными звуками шофара. Завидя приближение столь малочисленного войска, мидьянитяне уверились в своей победе. «Мы победили их даже тогда, когда в их войске было 600 000 мужчин... Почему же они пришли к нам теперь с армией в 12 000 человек?»
>
> В сражении участвовали пять мидьянитянских царей, в том числе отец убитой принцессы Козби. Билам также был на поле битвы.
>
> Что делал в Мидьяне Билам?
>
> Узнав, что, следуя его наущениям, мидьянитянские девушки соблазнили еврейских мужчин, и что это стало причиной смерти 24 000 евреев, он решил получить плату за свой совет... На этот раз жадность Билама стоила ему жизни.
>
> Хотя силы противников были не равны, евреи чудесным образом одолели вражеское войско и убили всех мидьянитянских солдат.[12]

Это была не проблема, потому что собрали их между собой звуки шофара.

Это очень интересно. Как?

Им не надо было *600000*, достаточно было *12000* – по тысяче с каждого колена. Погибшие *24000* – такое же число, как погибшие ученики рабби Акивы при крушении Второго Храма, когда они полностью упали в эгоизм. Здесь они собрали между собой воинов, то есть такую

---

12 «Мидраш рассказывает», недельная глава «Матот», «Уничтожение мидьянитян и Билама. Гнев Моше на военачальников».

силу духовную, которая находится на несколько уровней выше.

Шофар – это ГАР дэ-бина, то есть это уровень света хохма, который режет всё, как острый меч, для которого не существует никаких проблем. Он просто отрезает эгоистическую часть от альтруистической, выбирает, сортирует, отделяя всё хорошее от плохого. Там не остается света хохма... Эта часть еще называется тысячной частью. Есть малхут – это единицы, зэир анпин – десятки, бина – сотни, и хохма – тысячи. И тут 12 000, то есть от каждого колена полный уровень высшей хохма. То есть свет, который всё реализует, всё делает.

Он отрезает совершенно все неисправленные желания, и остаются только чистые желания. Поэтому победа здесь заранее запрограммирована. Если они могут собрать 12 000 таких людей под звуки шофара, то тогда – всё! Они этим уже предрешили исход их связи с мидьянитянами, потому что эта связь нужна всего лишь для того, чтобы полностью отдалить, отрезать от себя любые связи с ними. Это и называется смертью мидьянитян.

В Торе не имеется в виду животная смерть нашего животного физиологического тела, а имеется в виду отсечение эгоистического желания от какой-либо связи с высшим светом. Это и было сделано.

«НО ПОРАЖЕНЬЯ ОТ ПОБЕДЫ ТЫ САМ НЕ ДОЛЖЕН ОТЛИЧАТЬ»...

Еще раз, если можно: звук шофара, который звучит, как свет, который идет, как Вы сказали, с ГАР дэ-бина? То есть это свет?

В него облачен свет хохма.

То есть услышать это могут только те, которые приближаются или находятся на этом уровне?

Да, он выбирает только такие желания в человеке, которые четко устремлены на полную отдачу.

Это как магнит?

Это высший свет самой чистой отдачи, который притягивает к себе по подобию свойств соответствующие желания, а противоположные ему хоть в чём-то – отталкивает.

Почему мидьянитяне усыплены, почему они не ощущают, что приближается такая огромная сила?

А потому что они не могут ощутить, что здесь одновременно с возможностью получения существует еще возможности омертвления, что невозможно тянуться так близко к свету, потому что когда он входит в тебя, он начинает действовать против тебя. Это обоюдоострое такое лезвие. Это как змея, которая и жало смерти, и эликсир жизни. Символ фармакологии – то же самое и здесь.

То есть они чувствуют, что сейчас получат света? А на самом деле идет их гибель?

Да. Вторую часть они не могут ощутить.

Но наслаждение они чувствуют от приближения победы?

К сожалению, так устроен человек, что таким образом он приходит к смерти. Он открывает рот и не может удержаться, и в него капает капля яда, а он готов её проглотить, потому что только через этот яд он ощущает жизнь. Но это капля чистого яда, без какого-то явления жизни.

Ведь наша жизнь состоит из яда и всё-таки одновременно из притяжения к жизни. И этим нас увлекают, и мы хотя бы бежим всю жизнь... И сколько мы за всю жизнь ощущаем наслаждений, в сравнении с теми страданиями, которые должны пережить, чтобы достичь этих крупиц наслаждений? Но мы всё равно бежим, бежим, и никто не хочет расстаться с этим.

Вот это и есть змеиный яд. Он в таком виде нам преподносится, что мы убиваем себя, но всё-таки где-то нам кажется, что проступает какая-то сладость.

А здесь кажется, что это огромная сладость. Они включаются в неё, это наполняет их. Сейчас это будет абсолютное наслаждение, которое переполнит их. Вот, сделать только одно движение...

И здесь они обнажают себя, свои желания. Невозможно уже приложить никакие усилия. Они готовы убить все свои ощущения, все свои побуждения, которые связывают их с Израилем. И этим они убивают себя. Всё. Не остается возможности принять этот яд хоть в какой-то оболочке, которая превратила бы этот яд в лекарство.

Это то, что в принципе, делаем мы, простые люди. Страдая, мы немножко принимаем этого яда. И таким образом он нас потихоньку лечит (в страдании, в котором мы его получаем). Это и есть мудрая змея, с одной стороны, и коварная змея – с другой. И этот змеиный яд, который должен умертвить, в то же время он действует как лекарство.

То есть страдание – это оболочка? А внутри находится яд?

Да, нашими страданиями мы смягчаем свое состояние, мы можем принять этот яд, эти наслаждения в жизни. И когда они приходят к нам именно через большие усилия, которые мы прикладываем в жизни, чтоб достичь хоть немного чего-то, то эти усилия являются оболочкой того наслаждения, которое мы, в конце концов, хоть немного ощущаем, принимаем, выкрадываем как-то себе. И тогда это нас растит, оздоровливает.

Почему это является ядом?

Потому что свет хохма относительно нашего эгоизма – это яд.

И только в оболочке страданий мы можем его получить?

Да, это как ор хасадим.

БИЛАМ И АМЕРИКАНСКИЕ ЕВРЕИ

Дальше говорится о Пинхасе, который поднялся на уровень Билама, на уровень Моше, и происходит битва Пинхаса с Биламом. И вот что написано в устной Торе – в «Большом комментарии».

Желая спасти себя и пятерых мидьянитянских царей, Билам произнес магические заклинания, благодаря которым и он сам, и его сообщники взлетели в воздух.

Билам летел все выше и выше, пока не достиг Трона Б-жественной Славы, но Пинхас преследовал его и здесь…

Билам умолял Пинхаса:

– Позволь мне остаться в живых! Я обещаю никогда больше не пытаться проклинать твой народ. Пинхас отвечал:

– Не ты ли всю свою жизнь стремился уничтожить наш народ? Не ты ли посоветовал фараону истребить нас? Не ты ли после Исхода из Египта подстрекал Амалека к войне против нас? Не ты ли, увидев, что не можешь проклясть евреев, дал Балаку гнусный совет, следуя которому мидьянитянские дочери соблазнили наших мужчин? Ты стал причиной смерти 24 000 евреев, за все это ты будешь лишен жизни.

С этими словами Пинхас вытащил меч и убил Билама.[13]

Картина, конечно, очень яркая.

Да, картина довольно овеществленная…

Но речь идет о желаниях, которые невозможно исправить – только через свое уничтожение и затем последующее расслоение.

Ничего же не исчезает. Что значит – уничтожить желание? Невозможно! Это же и есть творение. Но когда оно как бы исчезает в том виде, в котором существует…

Как смерть Билама?

Да. Он начинает растворяться среди всего остального творения, входит понемножку в каждое, и таким образом

---

13 «Мидраш рассказывает», недельная глава «Матот», «Уничтожение мидьянитов и Билама. Гнев Моше на военачальников».

исправляется. На этом принципе построено вообще все исправление. Ведь наша основа – это желание насладиться, чистый эгоизм в чистом виде. Он не подлежит никакому исправлению. Возможно только лишь его включение в свойство отдачи, которое мы получаем снаружи от Творца, и мы можем его расфасовать, расслоить, разделить, и в каждое свойство отдачи включить немного свойство получения. С помощью такого включения мы можем постепенно исправлять эгоизм. Так вот, в чистом виде такой эгоизм – Билам, Аман и прочие такие особые личности…

Балак, Амалек…

Да. Они только лишь через свою смерть могут быть исправлены, то есть аннулирование этого эгоизма в чистом виде и затем его расслоение, разделение: он растекается между всеми другими частями, входит в каждую из них, и таким образом происходит постепенное исправление.

Кроме лев-а-эвэн. А лев-а-эвен – это такие части, которые невозможно исправить. Тридцать две части – это «лев аэвен (каменное сердце). Гематрия «ламэд-бэт» – 32.

Каменное сердце невозможно исправить. Оно исправляется в конце каким-то особым светом, когда мы полностью выполняем всю работу по включению эгоизма в альтруистические свойства. Всё, что зависит от нас, всё, что возможно, мы исправляем своими усилиями. Тогда эти тридцать две части исправляются уже тем светом, который мы собираем из этих свойств. Свет приходит и исправляет и то, что мы не в состоянии, и то, что не в нашей силе.

Можно сказать, например, что Билам сейчас разделился на семь миллиардов человек, на население мира? В каждом по крупице Билама?

Да. Эти эгоистические свойства входят постепенно во всех людей в мире. И, конечно, с другой стороны, все они становятся намного-намного более эгоистичными и проявляются затем на следующем уровне более явно.

Допустим, если до Гитлера антисемитизм был относительно скрытым в народах мира, то после его поражения во всех народах мира он находится в более явном виде. И мы это наблюдаем.

С одной стороны, были уже такие ужасы…

Но это никуда не исчезает, это может быть только исправлено.

Но на каждом последующем уровне необходимо исправлять это снова и снова.

И так же во всем мире, так же с равнодушием американских евреев к судьбе остальных евреев, когда они в годы войны перед уничтожением, не захотели принимать европейских евреев. И сейчас еще хуже, и это снова будет повторяться.

Да, рассказывали, что евреи лежали на пляжах Майами, а корабль стоял рядом, и никто его не принимал. Развернули, и он пошел обратно на смерть.

Да, прямо в газовые камеры. Это и есть Билам, находящийся внутри этих сердец.

Я еще хотел задать вопрос: как мог Билам, даже благодаря колдовству, подняться, пока «не достиг Трона Божественной Славы»?

Потому что его эгоизм, его желание соответствует этому уровню. Оно только неисправно, но оно соответствует этому уровню.

То есть он хотел спастись и поднялся до уровня Творца.

Да, да. Но неочищенным, по левой линии. Это особое свойство.

То есть Билам поднялся по левой, а Пинхас по правой линии?

Да. Там Пинхас и нейтрализовал Билама. Потому что на низком уровне это невозможно сделать.

Поэтому все эти свойства как бы повторяются из поколения в поколение, пока мы не придем к полному их решению, к полному уничтожению их в себе.

Когда Пинхас перечисляет Биламу, что он наделал, предстает громадная картина. Он был советником всех: фараона, Амалека, Балака – Билам был везде. Это эго, которое в каждом?

Оно живет во всех эгоистических проявлениях.

И во всех этих лидерах в нашем мире, особенно в левых?

Про наш мир можно много говорить, но это мелочи. В основном, конечно, Тора говорит о духовных ступенях.

ГЛАВА «МАТОТ»

ЖЕНСКИЕ ЖЕЛАНИЯ – САМЫЕ ВРЕДОНОСНЫЕ

Говоря о смерти Билама, вы сказали, что это не окончательная его смерть, он еще будет много возвращаться в нашу жизнь, и уже сейчас он с нами живет здесь. Продолжаем дальше. Были бои с мидьянитянами, и вот что происходит:

И взяли в плен сыны Израиля жен мидьянитян, и малых детей их, и весь их скот, и все стада их, и все имущество их взяли в добычу. И все их города во всех местах поселения их, и все крепости их сожгли огнем. И взяли всю добычу и все захваченное, людей и скот, и доставили к Моше, и к Эльазару-коену, и к обществу сынов Израиля пленных, и захваченное, и добычу, в стан, в степях Моава, которые у Иордана, напротив Иерихона.[14]
То есть они сделали всё возможное: всё сожгли, всё доставили. Но была тут одна...
Зацепка. Недоработка.

Недоработка очень интересная:
И вышли Моше, и Эльазар-коен, и все вожди общества навстречу им из стана. И разгневался Моше на военачальников, начальников тысяч и начальников сотен, пришедших из воинского ополчения. И сказал им Моше: «Вы оставили в живых всех женщин? Ведь они соблазняли сынов Израиля, по совету Бильама,

---

14 Тора, «Числа», «Матот», 31:09-31:12.

изменить Богу ради Пеора, и возник мор в обществе Бога.[15]

Имеется в виду, что «женщины» – это женское желание, эгоистическое желание.

Вы сейчас поясните. Потому что вот что говорится в «Большом комментарии»:

Увидев, что евреи взяли в плен женщин и детей, он пришел в негодование.

– Разве вы не поняли, что должны истребить женщин? – упрекал он военачальников. – Ведь именно они и побуждали вас грешить!

– Возможно, – сказал Моше воинам, – вы уступили греху, подобно тому, как сделали это в Шитиме, и поэтому сохранили жизнь женщинам?

– Нет, – единодушно отвечали они, – Ни один из нас не согрешил. Мы не заходили в дома мидьянитян поодиночке и прежде, чем отобрать у женщины украшение чернили ее лицо. И, тем не менее, мы хотим принести искупительные жертвы.

– Если вы не грешили, почему вы считаете, что нуждаетесь в искуплении? – удивленно спросил Моше. Полученный им ответ был таков:

– Нам не удалось не встречаться взглядом с мидьянитянскими женщинами, и поэтому мы хотим очистить себя от возникавших при этом греховных мыслей, принеся жертву.[16]

---

15 Тора, «Числа», «Матот», 31:13-31:16.

16 «Большой комментарий», недельная глава «Матот».

Здесь имеются в виду такие желания, которые исправить невозможно.

Это женские желания?

Женские желания – самые крутые, самые плохие, самые вредоносные. Они же порождают и новые поколения – эти желания. Это как самовосстанавливающееся зло. То есть вечное. Поэтому его обязательно надо как-то умертвить, умерщвление – это и есть его исправление. А затем переродить его как бы в другом виде. Но оно уже будет по-другому называться.

В принципе, мы видим такие примеры в той же Торе. А откуда пошел весь царский род еврейский?

От моавитян.

От моавитян, да. Моав – это враги страшные. И оттуда приходит Рут с Наоми и закладывают основы всего царского рода. От нее родились дети, которые стали основой царской семьи.

Давида?

Да, Давида. Он оттуда.

А по еврейскому обычаю мать закладывает основы всего следующего поколения. Потому что это желание – насколько оно исправлено, на каком уровне оно находится – определяет ребенка, его уровень. То есть устремлен ли он к Творцу – зависит от его матери: а была ли она исправна, чтобы родить его устремленным к Творцу?

НАДО ОЧЕНЬ ЗАХОТЕТЬ

То есть Рут, которая говорит: «Твоя судьба – моя судьба, твой народ – мой народ», – это исправленное женское желание?

Да. Это великое исправление. И поэтому от нее, именно от такого низкого в прошлом желания, эгоистического, на уровне Моав, рождается царский род, самый высокий по своему значению.

Царь Давид олицетворяет собой всю исправленную Малхут – исправленное желание. Ведь Машиах – сын Давида. Царь олицетворяет собой высшую духовную суть.

Это не такой царь, как у других народов, который покоряет и силой своей всех унижает, рубит, подчиняет. Наоборот, это судья, это высшая духовная суть государства, духовного государства! То есть он должен быть на более высоком уровне, чем все каббалисты, священники, все постигающие Творца. Он должен быть еще выше. Тогда только он может быть царем.

Он выше коэнов, выше всех?

Это должность избираемая. Помазанник – что значит? Его надо назначать. Он должен быть из этого числа, он должен быть из левитов и из коэнов, и еще выше, потому что все они являются ступенями духовного возвышения. Именно духовного! По этому определяется всё.

Мы это видим и по Псалмам Давида. Написать такие тексты, которые и сегодня всё человечество читает и считает чем-то особым, излиянием души к Творцу, не мог никто, кроме него.

Столько боли, молитвы…

Это высший контакт с Творцом.

Так вот, нам надо понять эти необходимые условия, которые существуют, чтобы очистить себя и приблизить к входу в Землю Израиля, не географическое место, а на эту духовную ступень, когда они должны сделать над собой такие исправления.

Они должны уничтожить в себе этих женщин?

Моав вообще. Истребить эту ступень «Моав», подняться над ней. То есть не физическое уничтожение имеется в виду, хотя в истории это проявляется в виде физического уничтожения. Это были войны, когда в день погибали десятки тысяч людей, бой был рукопашным, в прямом касании друг другу.

А дальше заходили в города и уничтожали женщин и детей?

Дальше уничтожали женщин и детей – высшее духовное действие проявляется таким образом в действии в нашем мире. А как поступают другие народы между собой или с еврейским народом?

Это то же самое.

Да, если вспомнить Богдана Хмельницкого, что там творилось!

Это – проявление духовных сил на земном уровне. Ничего ты не можешь сделать: всё, что происходит на высшем уровне, должно затем проявиться на нашем земном.

Так хочется, чтобы не было на земном уровне повторения… Чтобы всё повторилось только на духовном уровне.

Хочется? Для этого надо хотеть очень! И тогда исправить это так, чтобы этого не было.

И не ради того, чтобы этого не было на земном уровне, а ради возвышения всего человечества до уровня Творца.

Так что, ничего невозможно сказать о будущем. Наше поколение, особенно родившееся после Второй мировой войны, или те, которые тогда еще были в младенчестве – очень избалованное. Оно не понимает вообще жесткого проявления эгоизма, которое возможно. Потому что Вторая мировая война с ее страданиями и с таким количеством людей, которые погибли, как бы освободила нас от этих страданий. Потому что предыдущий период был такой жесткий: были царские, затем сталинские репрессии, и затем сразу же Вторая мировая война и миллионы погибших среди всех народов, и огромная часть – среди евреев. Не было никогда в таком организованном виде *уничтожения*. Это всё как бы освободило наше поколение. Мы попали впросак, в такой период, когда то, что они пережили, подсластило нашу жизнь. Это дало в нашей жизни такое состояние, что «не надо страданий, давайте как-нибудь переживем». И мы это пережили.

Но мир начинает приближаться к следующему уровню, к следующему заходу. Либо это будет подъем с помощью положительного осознания: что же нам надо делать и как нам надо быть более связанными вместе, особенно сегодня, в этом взаимосвязанном мире; либо это будут огромные страдания, когда речь будет идти на миллионы, если не на миллиарды жертв. Потому что качество, которое сегодня должно проявиться, должно проявиться в нашем мире в количественном виде. Так что речь может идти о миллиардах смертей, которые представляют собой исправление в духовном виде. Хотя, как может быть исправление, если человек просто умирает? Притом дети, женщины! Нам кажется логичным этот вопрос. На самом деле в нашем мире это является отпечатком духовных сил.

А ТЫ – БЛИЖЕ ВСЕХ К ТВОРЦУ

То есть вы хотите сказать, что это всё может произойти, так скажем, в мгновение, внутри, внутренней работой человека? И если это не происходит так, то это происходит миллиардами жертв в мире телесном?

В течение многих лет.

А может произойти – просто вот так... Исправлением?

Да. Возьми и начни исправлять себя в связи с другими людьми, и ты не окажешься на нарах в Аушвице.

И все равно, человек не задумывается, не тянется к этому! А готов открыть рот и проглотить эту каплю яда.

То есть движение к цели, к вселенскому исправлению, такое тяжелое, потому что наш эгоизм на самом деле равен и противоположен Творцу.

То есть он таким же образом застилает глаза, он не дает в это поверить?

Да. И, несмотря на то, что ты говоришь и делаешь, и приводишь примеры, ничего не действует!

Я в Израиле живу уже более 40 лет, и вот смотрю на народ: народ жалуется. А чего тебе жаловаться?!

Остальные народы находятся в состоянии, когда они должны бороться за себя с другими, а у тебя враг – твой внутренний.

Остальные народы должны постоянно соревноваться: кто из них больше, кто из них сильнее, кто из них ближе к победе, а ты ближе всех к Творцу.

Никто из них не обладает свободой воли, возможностью управлять своей судьбой, а ты можешь управлять не только своей судьбой, но и их судьбой.

Это находится в твоих руках! А ты чувствуешь себя, как какой-то маленький зайчик под капустным листом, дрожишь, и в этом вся твоя жизнь.

И никак невозможно это людям донести! Что на самом деле ты исключительный в этом отношении, ты можешь всё! Никто из остальных народов мира не может ничего, и все только лишь пользуются тем, что ты слабый. Твоя слабость создает в них силу, злую силу. И только лишь! А свобода решения находится в твоих руках.

А как это человеку понять? Вы говорите так эмоционально… Включается что-то, застилающее и логику, и мышление.

Как это понять, этого я не знаю.

На протяжении истории мы можем даже видеть это, конечно, если человеку раскрывается система сил и управление нашим миром свыше!

Даже народы мира тебе говорят: «Мы вас ненавидим, потому что вы делаете всему миру только плохое!»

Кто мы?! Одна десятая процента от населения Земли?! Кто мы?! Кто такие?

Мы должны быть этой двенадцатитысячной армией, которая слышит звук шофара и которая побеждает всё и всех, а мы его не слышим?!

Побеждаем в себе! Мы должны выйти на войну с нашими внутренними эгоистическими желаниями.

Мидьянитянами, моавитянами?

Да. И просто покосить их. В себе, внутри себя! Вот так. И то, что сейчас делает тут Моше, – он не оставляет им никакой надежды: «Это не победа то, что вы сделали».

Да. «Вы не победили самое главное, вы оставили в живых их желания». Так получается?

Да. Женщин и детей. То есть весь эгоизм практически остался, и у него есть все возможности снова расти.

Тогда маленький вопрос по «Большому комментарию», они здесь ответили, что «мы все равно чувствуем, что мы согрешили тем, что мы смотрели в глаза женщинам»?

«Глаза женщин» – это значит все-таки захотеть получить от них тот свет Хохма, который существует в скрытом виде в эгоистических желаниях. Потому что желания, именно желания получать, аккумулируют в себе этот Высший свет. Но они сами не могут его ощутить, ощущают его как тьму, и требуют какого-то объединения с народом Израиля, потому что это дает им возможность проявить в себе свет хохма.

Ведь свет хохма не может проявиться без соединения с хасадим. Хасадим – это свет Израиля. А свет хохма – это свет народов мира. Правильное их соединение, такой симбиоз, и дает возможность выявить свет хохма и озарить весь мир.

КОГО ОСТАВИТЬ В ЖИВЫХ?

Каким должно быть правильное соединение?

Свет хасадим должен быть больше, чем свет Хохма, он должен его покрывать. Он должен, иными словами, над ним властвовать! То есть не дать свету хохма вырваться эгоистически, а быть полностью под управлением света хасадим.

Света милосердия?

Света милосердия. Света скрытия. То есть правильного скрытия света хохма.

И неважно, что количественное соотношение маленькое на самом деле. Как в нашем мире – что такое народ Израиля по сравнению с остальными народами мира? Но этого абсолютно четко хватит для того, чтобы покрыть все-все эгоистические желания со светом хохма в них, которые проявятся именно благодаря этому покрытию светом хасадим.

То есть, когда говорится, что израильтяне смотрели в глаза мидьянитянским женщинам…

Здесь и была возможность, их тайное желание – украсть немножко искорок из этого света хохма.

И в этом они почувствовали грех?

Конечно. Они связались с этими мидьянитянками, с этими эгоистическими желаниями, и поэтому их надо в себе умертвить.

Поэтому законно в письменной Торе написано дальше:

ГЛАВА «МАТОТ»

А теперь убейте всех малых детей мужского пола, и всякую женщину, которую познал мужчина, убейте.[17]
Это указание Моше такое?

Да. То есть только желания, которые не были использованы для выявления в них света хохма, потенциальные желания, как бы, решимот, которые никогда не были в реализации (это называется «женщины, которые еще не познали мужского ложа», не были еще в связи с мужской частью), – их можно оставить в живых.

А что значит «дети», «детей мужского пола»?

Мужской пол у мидьянитян не может быть двигателем исправленного желания. Это та часть отдающего намерения, которая существует для отдачи ради получения. Женская часть – это получать ради получения, а мужская часть – это отдавать ради получения. Это всё равно «ради» – для себя.

Поэтому должны быть уничтожены?

Да.

То есть не использовать эти желания?

Не использовать никаких этих свойств в человеке. Они все должны быть умерщвлены, то есть в этом виде не употребляться. А затем происходит их исправление.

Мы говорим о страшных для земного мира вещах – умерщвления, убийства... И вот сейчас, в наше время, возникло исламское движение, которое всех поражает жестокостями – узаконенные убийства,

---

17   Тора, «Числа», «Матот», 31:17.

изнасилования, отрезание голов. Что с этим делать? Почему оно приобретает такую силу?! Никто не может против него стоять!

Не могут, потому что это высшее управление таким образом направлено. Ислам должен покорить христианскую цивилизацию, он должен властвовать над ней.

И затем они объединяются вместе и выступают против иудейской цивилизации.

Христиане и мусульмане?

Да. В итоге их борьбы ислам постепенно смягчается. Он становится на уровне, когда они могут между собой разговаривать, а не задаваться только лишь задачей – покорять.

Ислам с кем?

С христианами. И тогда они выступят против евреев.

И таким образом, именно в этом состоянии, евреи поймут, что у них существует возможность своей реализации в борьбе против этих двух крайних линий: правой и левой, – для того чтобы проявить себя.

И это и будет конец дней человечества, когда будет окончательно побеждён эгоизм и включен в среднюю линию.

ЕВРОПА С УДОВОЛЬСТВИЕМ СДАСТ НАС

У меня вопрос про сумасшедшее количество беженцев, которые прибывают в Европу из всех исламских государств...

Это не беженцы! Это четко направляемые люди, с хорошей подготовкой.

И Европа не в состоянии ничего сделать, потому что таково высшее управление. И Европа будет подчиняться, она изменит вообще свое представление о мире, абсолютно всё изменится!

Какое оно будет?

Во-первых, оно будет религиозно направленное. Во-вторых, оно будет согласно с исламом, оно не будет против него. Оно примет его во всем, в чем оно будет направлено против евреев.

А ислам для того, чтобы покорить Европу, приблизить ее к себе, должен направить ее против евреев, не на себя, а от себя на евреев, на Израиль. И это он сделает с большим мастерством.

То есть сейчас идет процесс сближения ислама с христианством и перенаправления на Израиль?

Несомненно! И очень быстро.

То есть это не процесс начала войны между исламом и христианством?

Нет, нет, никакой войны там не будет.

Даже не будет войны?

Никакой войны! Будут противостояния. Это для того, чтобы сблизиться между собой. Знаешь, когда бьются для того, чтобы сблизиться. В общем-то, это драки такие для знакомства.

То есть идет процесс сближения?

Да, процесс сближения.

Будут прибывать еще люди, если надо, для того чтобы направить Европу против Израиля.

И арабский мир еще больше будет направлен против Израиля. Турция, Иран, Саудовская Аравия, Египет. Хотя все они сегодня, может, и не очень настроенные, но это всё будет так.

Всё исламское государство через них войдет в Европу?

Да. И Европа их поддержит в этом направлении. Европа с удовольствием сдаст нас, и мы окажемся в состоянии Массады.

Как будто мы сидим в крепости, а вокруг одни враги?

Да, конечно.

И тут или самоубийство, или..?

Нет. Тут и придет такой час истины, что мы будем обязаны осознать свою миссию.

И тогда мы станем сильней всех и сможем их духовно победить. И это будет озарением в их душах, сердцах и разуме, и они поймут причину и смысл своей ненависти к нам. То есть до этого ненависть должна разгореться многократно! А затем они поймут и осознают ее настоящую причину, и в этом осознании и произойдет правильное восприятие мира и Творца общего для всех, и исправление всего этого мира.

Будем считать, что это, как бы, оптимистическая картина.

В принципе, это точный сценарий.

Будем надеяться, что это произойдет быстро, как война в духовном мире, в душах людей, в их осознании! А не в материальном мире, потому что это только растягивает все процессы. И мы явимся свидетелями всего происходящего, вплоть до этого заранее заданного конца.

Как много мы должны работать!

Да. Себя надо убедить, не только других.

УЧИТЕЛЬ МОЖЕТ БЫТЬ ОДИН НА ВЕСЬ МИР

Вспомним, что в главе «Матот» говорится, как 12 000 воинов разбили огромное войско Мидьяна, хотя Мидьян говорил: «Как это так, они присылают нам 12 000?! Это вообще ничто!». И вдруг эти 12 000 их разгромили. Здесь говорится о том, как делить имущество, о том, как два колена остались за Иорданом, как бы не перешли в Эрец Исраэль.

12 000 – это по числу колен (12 умноженное на тысячу). А 1000 – это уровень Арих Анпина. И это огромная сила! То есть, если внизу у тебя находятся эти войска мидьянитян, допустим, то это – количество.

Огромное войско.

Неважно какое. Это может быть хоть туча, как звезд на небе. Если против них находится что-нибудь выше их ступени. Высшая ступень включает в себя низшую, как зернышко, как песчинка, поэтому это ничего не значит. Если говорить о количестве, это вроде бы немного. А когда ты говоришь о качестве, ты видишь, что это не песчинка, а на самом деле она включает в себя всю силу мира.

А как можно простыми словами сказать «связь малхут с Арих Анпином»?

Это ступени, которые управляют низшими ступенями. И поэтому говорится о том, что если возникают в обществе такие вот ножницы между низшей ступенью и высшей ступенью, то высшая ступень может просто с легкостью поглотить низшую, исправить ее (это значит умертвить, то есть убить все зло в ней) и подобрать ее к себе.

Вот так эти 12 000 как бы уничтожили войско Мидьян?

Да, просто поглотили его.

А почему Мидьян, который смотрит на приближающееся войско 12 000, говорит: «Мы с ними сейчас справимся очень легко»?

А потому что они смотрят «со своей колокольни», то есть они всё взвешивают по количеству.

Они не понимают, что это совершенно другой уровень.

Это мы видим сквозь всю историю, что происходит с нами. Все постоянно говорят: «Ну, чего там, пару миллионов и всё, за раз и не станет», – и мы видим, что этого не происходит.

Поэтому вы говорите, что, несмотря на то, что Исраэль маленький, он должен показывать пример миру, как бы начать учить мир?

Да, учитель может быть один на весь мир.

Наша логика не вполне с этим соглашается, мы всегда всё соотносим с размером. Но на самом деле сила – внутренняя, тем более, когда она проявляется… В нашем мире она еще не проявилась. А проявляются самые тяжелые силы – атомные, субатомные – мы же видим, насколько это исчезающе маленькие величины и насколько они смертоносные. Насколько в них огромная энергия при полном неощущении их размеров.

Интересно, миру дается это, даже наука доказывает, а мир все равно сопротивляется.

Да, мы не ощущаем. Если бы американцы не сбросили бомбы на Японию, то мир бы не боялся атомной энергии. Чернобыль еще добавил, но в общем, в мире недостаточно страха перед подобными явлениями.

А вы считаете, что страх может остановить?

Да, чтобы задумались о том, как научиться сдерживать себя.

ЯЗЫЧЕСТВО, ХРИСТИАНСТВО, ИСЛАМ

Германия отказывается от ядерных реакторов. Правда, она пускает мигрантов – она не понимает, что это новое ядерное оружие…

Это хуже всего. Но ничего не сделаешь. Это, я бы сказал, не от них зависит, просто свыше уже запущен процесс, который должен получить развитие.

Соединение такое?

Да. Распространение ислама на христианство. Но здесь ничего не сделаешь.

И вы говорите, что они соединятся?

Сначала ислам будет покорять христианство, а потом остатки христианства… В каком виде останется христианство – не известно. Не стоит забывать, что во многих христианских странах поддерживаются языческие традиции на бытовом уровне, смесь христианства с местными обычаями.

В любом случае в Европе будет наблюдаться ослабление христианства и усиление ислама.

И вы говорите, что все это обернется против Израиля?

Это все обернется против Израиля. И уже оборачивается. Все происходит очень быстро. Я думаю, мы увидим все эти процессы еще в нашем поколении.

А далее мы должны родить эти 12 000, которые будут стоять против всего мира?

Мы должны подняться до уровня «12 000» и тогда никакие мидьянитяне, то есть все зло нашего мира, которое находится в каждом из нас и вообще во всех людях нашего мира нам не страшны.

Имеется в виду «вся Тора» – это то, что должна пройти в себе каббалистическая группа – и никто другой.

А все остальные ждут. Весь мир ждет! Практически так. Он проходит всевозможные процессы подготовки к тому, чтобы эта группа была готова передать, бросить им конец веревки и начать подтягивать их наверх.

То есть они находятся в пассивном состоянии? В ожидании? И в подталкивании?

Отчасти. Они готовятся к этому, проходя всевозможные состояния на уровне нашего мира: любовь, ненависть, разочарования, развитие науки. Это всё есть, но это всё, как мы видим, не духовные процессы.

А то, что написано в Торе, – это всё для нас. Мы должны это пройти и стать тем переходником, который соединит Творца со всем человечеством. Обслуживать Творца и все человечество, сделать себя только лишь трубой, каналом, по которому проходят сверху вниз силы исправления, а снизу вверх – просьбы, мольбы, – мы должны всё это передавать через себя, быть способными к передаче сверху вниз и снизу вверх. Мир будет готов к этому в мере нашей подготовки. Поэтому вся Тора обращается только к тем, в ком есть настоящее зло.

Сказано: «Я создал злое начало…» И оно обнаруживается в потребительских отношениях между людьми, которые устремлены к связи между собой для раскрытия Творца. То есть мы говорим не об обычных людях с их эгоизмом, а только лишь о тех, кто устремляется к Творцу.

Преодоление злого начала необходимо тем, кто сейчас устремляется к Творцу естественным путем. Затем следуют те, кому мы это доносим, – в первую очередь, народу Израиля, потому что он уже был в этих состояниях и должен вспомнить свои *решимот*, свои внутренние записи, которые в нем существуют, хотя он и находится в разбитом, эгоистическом виде. И по мере того, как к нам будет добровольно присоединяться народ Израиля, мы сможем уже обращаться к народам мира.

Когда они придут, как они придут, как они к нам притянутся – это, конечно, зависит от очень многих условий. Среди них два основных: или это наше успешное распространение, или это страдания, которые евреи будут ощущать от народов мира. Когда эти фактора будут на них воздействовать, они смогут присоединиться к нам и по мере присоединения стать передаточным звеном для всех остальных.

Как только мы начнем их присоединять к этой идее, то сразу же обнаружим, что народы мира начинают присматриваться к тому, что у нас происходит – между нами и всеми евреями. Они начнут ощущать, что здесь что-то есть – источник избавления, источник решения проблем. Вот это мы и увидим.

ВЫ ИХ УБЕЙТЕ

Так мы замкнули круг. То есть вывели наверх пирамиды всю массу, и она должна провести через себя свет?

Да. Надо работать.

В принципе, вся работа, в первую очередь, между нами – между теми, кто во всем мире устремляется сам, своим внутренним желанием, к Творцу. Он называется «духовный Израиль». Под ним находятся остальные, кто не ощущает этого стремления. Они называются «материальный Израиль», «земной Израиль». А после них – уже земляне.

Мы возвращаемся к главе «Матот».

Тора написана только для нас!

Тогда объясните, пожалуйста, когда израильтяне взяли пленных – мидьянитян – об этом написано так: Всех же… детей женского пола, которых не познал мужчина, оставьте в живых для себя. А вы оставайтесь за станом семь дней, всякий, убивший человека, и всякий, прикоснувшийся к убитому, очиститесь в

третий день и в седьмой день, вы и пленники ваши. И все одежды, и все кожаные вещи, и все вещи, сделанные из козьей шерсти… и все деревянные сосуды очистите.

Что это значит для нашей работы?

Очищение от эгоизма! Очищение от эгоизма на всех уровнях: на уровне человеческом, и на уровне животном, и на уровне растительном, и на уровне неживом.

Потому что мы прикоснулись к эгоизму, вступили с ним в бой?

Конечно, в связь.

В связь?

Да! Это как прикосновение к мертвому.

То есть, так или иначе, мы обязаны были прикоснуться к эгоизму, чтобы сразиться с ним?

При любом исправлении ты вдыхаешь в себя этот эгоизм.

А это что: «Всех детей женского пола, которых не познал мужчина, оставьте в живых для себя»?

Женский пол – имеется в виду желание получать, которое уже работало ради себя – с чужим мужчиной, с чужим желанием. А те, которые не познали, тех можно исправлять. А других исправлять нельзя.

Поэтому и написано: «Вы их убейте»?

Да. И каждый мужчина, как написано, может иметь много жен – до десятка или сотни, или тысячи. Опять те же уровни.

То есть это – желание?

Да. Только об этом говорится.

И дальше впервые вдруг вводятся законы кашрута: И сказал Эльазар-коен воинам, ходившим на войну: «Вот закон об учении, который Бог заповедал Моше: только золото и серебро, медь, железо, олово и свинец, всё, что проходит через огонь, проведите через огонь, и очистится оно, но также и водой очистительной следует его очистить; а всё… [18]

То есть сначала ты должен прокалить любой предмет из этих металлов (есть особые указания, до какой степени следует прокалить) до состояния «либун», когда он становится белым, и после этого необходимо окунать его в воду. Это не процесс закалки, как описссано в «Одиссее»:

«Так расторопный ковач, изготовив топор или секиру,
В воду метал (на огне раскаливши его, чтоб двойную
Крепость имел) погружает…»

Так вот, здесь не надо этого делать. Необходимо, чтобы это остыло, и после этого погрузить в воду (как в микву).

Сказано так:

Всё, что проходит через огонь, проведите через огонь, и очистится оно, но также и водой очистительной следует его очистить… [19]

Да. Окунуть.

---

18 Тора, «Числа», «Матот», 31:21-31:23.

19 Тора, «Числа», «Матот», 31:23.

ГРЯЗЬ И РЖАВЧИНА

А всё, что не проходит через огонь, проведите через воду. И вымойте одежды ваши в седьмой день, и будете чисты, и после можете войти в стан.[20]

В «Большом комментарии» написано так: Объяснения Элазара были следующими: «Сосуды, использовавшиеся для некашерной пищи, должны быть тщательно очищены…

Естественно, для некашерной, – для чего же их кашеровать?

Они были у мидьянитян…

Использовались желания, использовались ради себя.

Вот написано.

Объяснения Элазара были следующими: «Сосуды, использовавшиеся для некашерной пищи, должны быть тщательно очищены от грязи и ржавчины.[21]

Чтобы вообще не были видимы никакие следы их прошлого употребления. Они были у мидьянитян, то есть желания использовались ради себя.

А эта грязь и ржавчина на сосудах – что означает?

Что они когда-то были в употреблении. Эти желания использовались точно эгоистически.

Это и есть грязь и ржавчина этих употреблений?

Да.

---

20 Тора, «Числа», «Матот», 31:23.
21 Мидраш рассказывает, Недельная глава Матот.

Метод кашерования зависит, прежде всего, от прежнего использования посуды. Например, вертел, на котором некашерная пища жарилась на костре, должен быть откашерован путем накаливания на огне. Если сосуд использовался для приготовления горячих жидкости и пищи, он кашеруется погружением в кипящую воду.

Тарелки и чашки, применявшиеся только для холодной пищи, нуждаются лишь в тщательном мытье.

Не просто в тщательном мытье, а в микве, в окунании.

Более того, сосуды, изготовленные неевреем и перешедшие во владение еврея, должны быть освящены погружением в микву.

Даже если они новые.

Почему?

Потому что их изготовляли для некашерного использования.

Но не использовали же!

Неважно!

Еще раз тогда о кашеровании эгоистических желаний…

Кашерование – означает, что желание пригодно к употреблению ради отдачи, наполнению других, любви, в первую очередь к людям, естественно. К Творцу мы не имеем вообще никакого отношения. Если делаешь для людей, то, в общем, через это ты делаешь для Творца. Он абсолютен, Он совершенен, Ему не надо ничего. То есть

Глава «Матот»

нет отдельных заповедей, относящихся к Творцу. Это все делается через людей. Поэтому и сказано: «От любви к творениям – к любви к Творцу».

Вот и всё. Поэтому все желания мы должны таким образом отрегулировать. Все желания в нас изначально мидьянитянские.

Забота о себе?

Да, абсолютная забота только о себе. До какой глубины мы еще даже и не представляем. Мы постоянно должны их извлекать из себя. Как извлекать? Находиться в определенном обществе, в нашей группе, которая согласна работать над собой. И в связи между собой мы себя так направляем, выясняем, насколько мы эгоисты, в чем и как, и пытаемся привлечь именно на эти желания высший свет. Мы просим, чтобы высший свет, возвращающий к источнику, подействовал именно на эти помехи, которые мы явно раскрываем, и обратил их в связь между нами.

Что такое забота о себе?

Забота о себе – когда я явно вижу, что, находясь в связи с товарищем, я думаю не о нем, а у меня есть какая-то мысль о себе, даже самая маленькая, неважно, какая. И здесь не имеются в виду какие-то делёжки, расчеты. Просто, когда я нахожусь в связи с товарищем, выхожу ли я из себя и нахожусь ли полностью на его стороне, как будто я – это его часть и добавляю ему свое сердце и свой разум.

СМЕСТИТЬ ТВОРЦА И СТАТЬ НА ЕГО МЕСТО

Какое желание я провожу через огонь, а какое – через воду? Можно это как-то объяснить?

Наши желания, в которых мы раскрываем Творца (они называются инструментами), делятся на более жесткие и более мягкие.

Те, которые легче исправить и труднее?

Да. Более жесткие, допустим, – это металлические. Более мягкие – это дерево, материя и так далее. То есть чем они жестче в эгоистическом применении, тем труднее исправить.

А какое самое жесткое эгоистическое желание существует в человеке?

Это очень просто: сместить Творца с Его уровня и стать на место Его.

Это точно должно через огонь пройти!

Да, но это желание властвовать вместо Творца, использование Творца…

Только в ком оно есть?! Это только фараон – великий огромный эгоизм – мог сказать: «Кто такой Творец? Я вместо Него». То есть понимая, кто такой Творец, эгоизм восклицает: «Я должен слушаться Его?!» Это наш выявленный огромнейший, полнейший эгоизм!

Это, как мы изучали, Билам, находящийся практически на уровне Моше?

Это еще выше! Билам захотел использовать Творца, упросить Его, умолить Его, каким-то образом использовать. А фараон говорит: «Я – против Творца, на равных». Билам – на уровне Моше, а фараон – на уровне Творца.

Такая ступень – последняя?
Да.

При выходе из Египта евреи захватили сосуды (келим). Они не проходили тогда кашеровки. Они просто были захвачены.
Они все забрали с собой из Египта, и всё должны были откашеровать.

В этом и заключается выход из Египта – взять все свои желания, которые работали в Египте, пока они находились под влиянием собственного фараона, своего эгоизма, ради себя, – и пройти все эти состояния. Все украшения были превращены в золотого тельца.

То есть телец, огонь, все с этим связанное – это и была кашеровка?

Получается, эти сорок лет – это было кашерование келим, которые вынесли из Египта?
Да. Подняться с клипот до уровня бины, это и есть кашерование всего народа.

Что такое миква, в которую опускаются келим для кашерования?
Миква – это свойство воды, это уровень хасадим – вода, которая кашерует. Огонь – это уровень хохма – сжигающий огонь, который тоже кашерует. Есть желания, которые обязательно надо проводить через огонь, а есть

такие, которые достаточно проводить через воду. То есть это бина и хохма вместе, и они (огонь и вода) исправляют любые, любые желания!

КАЖДОМУ ПО ВОЗМОЖНОСТЯМ

Мы заканчиваем главу «Матот», насыщенную событиями, объяснить которые можно лишь духовными процессами. Битва с Мидьяном, раздел имущества, победа 12 000 воинов Израиля над огромным войском мидьянитян, *очистка* эгоистических келим.

И дальше речь идет о разделе трофеев:

/25/ И СКАЗАЛ БОГ, ОБРАЩАЯСЬ К МОШЕ, ТАК: /26/ «ИСЧИСЛИ ВСЕ, ЧТО ВЗЯТО В ПЛЕН, ЛЮДЕЙ И СКОТ, ТЫ, И ЭЛЬАЗАР-КОЕН, И ГЛАВЫ РОДОВ ОБЩЕСТВА. /27/ И РАЗДЕЛИ ЗАХВАЧЕННОЕ ПОПОЛАМ МЕЖДУ ВОИНАМИ, ХОДИВШИМИ НА ВОЙНУ, И МЕЖДУ ВСЕМ ОБЩЕСТВОМ. /28/ И ВОЗЬМИ ДАНЬ БОГУ ОТ ВОИНОВ, ХОДИВШИХ НА ВОЙНУ... – перечисляется, сколько всего взято, – /30/ ...И ОТДАЙ ИХ ЛЕВИТАМ, ИСПОЛНЯЮЩИМ ОБЯЗАННОСТИ В ШАТРЕ БОГА»

В «Большом комментарии» сказано так:

Творец приказал Моше и Элазару сосчитать захваченных у мидьянитян пленников и скот и отдать половину тем, кто принимал участие в войне; другая половина должна была быть распределена среди всех евреев. Воины были обязаны отдать одну пятую часть своей доли Элазару, остальные евреи – отделить пятидесятую часть полученного и отдать ее левитам.

Поделены были только пленники и скот. Захваченные сосуды и украшения остались у воинов, каждому из них было разрешено оставить себе все, что ему удалось добыть. Тем не менее, они добровольно посвятили часть своих сосудов и украшений *Мишкану*.

То, что каждый может исправлять, то ему и можно оставить.

Мы все время говорим только об исправлении?

Конечно, ни о чем другом Тора не говорит.

А что такое – пятая часть, пятидесятая часть?

Пятая часть относится к малхут, ее можно оставлять и исправлять. Остальные он не имеет права исправить. Не в состоянии! Не может – значит, запрещено. Нет такого – запрещено или разрешено. Можешь – значит, разрешено. Не можешь – значит, запрещено. И всё.

Если говорится о наших исправлениях, о запрете и разрешении, то всё градуируется очень просто: на каком уровне ты находишься, на том уровне тебе и полагается работать, делать то, что можно. Поднимайся на следующий уровень – будут у тебя другие проблемы, вопросы.

А это возможно понять – на каком уровне я нахожусь?

Да, это свет градуирует.

И есть точное ощущение, что я на этом уровне?

Естественно! И так делились люди: царь, коэн, леви и так далее. И среди них много делений. Каждый из них был на своем уровне. Такие же уровни были и среди ученых в Синедрионе. Был известен духовный уровень каждого человека.

И в соответствии с этим уровнем он и занимался исправлением?
Да.

И получается, что большие исправления в результате были у царя. Например, у царя Соломона было 1000 жен? Говорится, что это самое светлое время было для народа. Именно поэтому?
Конечно! Конечно, самое светлое время. Поэтому и написал он «Песнь песней».

Писал о любви, строил Храм.
Потому что был на таком уровне, когда любовь проявляется уже в отношениях.

Очень хочется быть на таком уровне. Человечество завидует этому уровню и всё-таки не особенно к нему движется.
Кому же не хочется? Каждый думает, что это хорошо. Если бы ты увидел, что это такое, ты бежал бы как от тысячи смертей.

Потому что не готов к этому?
Потому что это казалось бы самым отвратительным, самым ужасным, что может быть.

Абсолютная отдача и любовь?
Да, да! Где найти силы для того, чтобы вообще хоть что-то сделать в таком ключе, в таком отношении к другим?

ГЛАВА «МАТОТ»

ЦАРЬ МАХНУЛ НЕБРЕЖНО РУКОЙ

Но были же примеры самопожертвования?

Да, например, учитель говорил ученику: «Езжай в такую-то деревню на край света, сиди там и обучай людей». Из какой-то великой академии отсылал его. И он с удовольствием едет и всю жизнь посвящает – просто от души! – всей этой незначительной, казалось бы, работе. То есть самопожертвование вроде бы?

Но он был обязан видеть в этом что-то особенное.

Есть очень интересные примеры. Например, как была проиграна однажды война с Персией. Гонцы пришли переговариваться с персидским царем и сказали ему: или ты сдаешься, или мы на тебя нападаем.

Они вышли на какую-то террасу, и там была крепостная стена, которая защищала весь город, и на вершине стены на башнях стояли часовые. И персидский царь махнул небрежно рукой в сторону одного из часовых, тот положил копье, поклонился царю и сбросился вниз с башни.

Так вот, просто сбросился. Всё! На этом переговоры прекратились.

Они поняли, что будет?

Да, поняли, что просто нет смысла осаждать этот город. Такие примеры, конечно, дают хоть немного какое-то представление об отдаче. Но всё равно это – не подобие духовной работе. Но принадлежность, отдача – да.

Если вернуться к царю Соломону, написано, что он очень любил держать на руках детей, которых у

него было много. Это что означает? Его следующую ступень?

Да, конечно. О такой ступени даже нельзя говорить, это очень-очень высокая ступень.

А печать Соломона, его кольцо – что означает?

Печать Соломона – означает концентрацию всей его мудрости, поэтому и пытаются узнать, что же там было за слово такое. Я думаю, что там было просто АВАЯ.

То есть четырехбуквенное имя Творца?

Да, потому что он достиг этого уровня.

Вы когда-то рассказывали, что Бааль Шем Тов всегда подписывался своим именем Исраэль, и всё.

Да.

У меня такое предположение – может быть, он не умел писать...

В то время?! Не было такого времени в истории со времени Авраама, когда еврейского мальчика не обучали бы писать и читать. Была поголовная грамотность. Только женщин не обучали.

Но как вы объясните тогда, что он ничего не писал, а всё писали его ученики?

Я не могу сказать.

И АРИ так же. Хаим Виталь все записал.

И АРИ тоже, да. Не знаю, это, видимо, в предназначении человека. Я не представляю. Видно, что Бааль Шем Тов отдавал всего себя в рассказах, в обучении, в том, что просто всё время обучал в разных местах. Не знаю. Хотя, конечно, мог бы изложить всю свою методику. Внутренняя работа – вся от Бааль Шем Това.

От Бааль Шем Това?

Да, от Бааль Шем Това. Он мог бы изложить ее, хотя бы вкратце, какими-то пунктами, чтобы она у нас была. Позже Бааль Сулам всё это сделал и особенно РАБАШ. Но всё-таки добавить еще краткие, четкие отправные точки от Бааль Шем Това было бы очень хорошо.

БРАСЛЕТЫ, ПРЯЖКИ, КОЛЬЦА, СЕРЕЖКИ

Я читаю дальше. Если вы сочтете что-то нужным объяснить, то, пожалуйста.

Я ничего не меняю:

/31/ И СДЕЛАЛИ МОШЕ И ЭЛЬАЗАР-КОЕН, КАК БОГ ПОВЕЛЕЛ МОШЕ. /32/ И БЫЛО ЗАХВАЧЕННОГО, *сверх* ДОБЫЧИ, КОТОРУЮ ВЗЯЛО ВОЙСКО: МЕЛКОГО СКОТА ШЕСТЬСОТ СЕМЬДЕСЯТ ПЯТЬ ТЫСЯЧ, /33/ И КРУПНОГО СКОТА… /34/ И ОСЛОВ ШЕСТЬДЕСЯТ ОДНА ТЫСЯЧА. *И так далее.* /35/ И ЛЮДЕЙ, ЖЕНЩИН, КОТОРЫХ НЕ ПОЗНАЛ МУЖЧИНА, ВСЕГО ТРИДЦАТЬ ДВЕ ТЫСЯЧИ.

Вот это меня всегда поражает – точные числа.

Числа – это же крайне необходимо! Здесь они тебе дают точное определение ступени, на какой ступени это происходит.

Вот так: и крупного скота, и «ослов шестьдесят одна тысяча», и «мелкого скота семьдесят пять тысяч». И «женщин, которых не познал мужчина, всего тридцать две тысячи». Начинаешь понимать, с какими уровнями ты имеешь дело?

Да, это уровни. Имеются в виду внутри человека его уровни постижения.

И дальше выделяется дань Богу, через левитов служителей Храма:

/48/ И ПОДОШЛИ К МОШЕ НАЧАЛЬНИКИ, КОТОРЫЕ НАД ТЫСЯЧАМИ ВОЙСКА, НАЧАЛЬНИКИ ТЫСЯЧ И НАЧАЛЬНИКИ СОТЕН, /49/ И СКАЗАЛИ МОШЕ: «РАБЫ ТВОИ ИСЧИСЛИЛИ КОЛИЧЕСТВО ВОИНОВ, КОТОРЫЕ ПОРУЧЕНЫ НАМ, И НЕ УБЫЛО НИ ОДНОГО ИЗ НИХ. /50/ И ВОТ ПРИНОСИМ МЫ ПРИНОШЕНИЕ БОГУ, КАЖДЫЙ, ЧТО ОН ДОБЫЛ, – ЗОЛОТЫЕ СОСУДЫ, БРАСЛЕТЫ, ПРЯЖКИ, КОЛЬЦА, СЕРЕЖКИ И ПОДВЕСКИ, ЧТОБЫ ИСКУПИТЬ ДУШИ НАШИ ПРЕД БОГОМ». /51/ И ВЗЯЛИ МОШЕ И ЭЛЬАЗАР-КОЕН ЗОЛОТО ЭТО У НИХ, ВСЯКИЕ ИСКУСНЫЕ ВЕЩИ. /52/ И БЫЛО ВСЕГО ЗОЛОТА ПРИНОШЕНИЯ, КОТОРОЕ ОНИ ПРИНЕСЛИ БОГУ, ШЕСТНАДЦАТЬ ТЫСЯЧ СЕМЬСОТ ПЯТЬДЕСЯТ ШЕКЕЛЕЙ, ОТ НАЧАЛЬНИКОВ ТЫСЯЧ И ОТ НАЧАЛЬНИКОВ СОТЕН. /53/ ВОИНЫ *грабили*...

Шекелей – имеется в виду вес.

А дальше написано:

/53/ ВОИНЫ *грабили* КАЖДЫЙ ДЛЯ СЕБЯ.

Написано «Воины грабили каждый для себя»

Захватывали. Забирали. Имеется в виду, что переводили из одного состояния в другое. Каждый. Чем больше он, так сказать, «награбил», тем большие исправления он сейчас должен произвести. Ведь, в общем-то, ничего не берет для себя.

Грабит ради себя – для того, чтобы исправить лично! То есть это получение ради отдачи.

Ему же ничего не остается в этом мире.

Это в нашем мире награбил для себя – положил в карман. А здесь награбил для себя, чтобы превратить в отдачу.

Сколько ты можешь взять от другого человека его страданий, для того чтобы их исправить, и наполнить, и вернуть ему, – вот это значит «награбил».

Но при этом **ты** поднимаешься, при этом **ты** создаешь это состояние, он получает уже готовое.

/54/ И ВЗЯЛИ МОШЕ И ЭЛЬАЗАР-КОЕН ЗОЛОТО У НАЧАЛЬНИКОВ ТЫСЯЧ И СОТЕН, И ВНЕСЛИ ЕГО В ШАТЕР ОТКРОВЕНИЯ В ПАМЯТЬ СЫНАМ ИЗРАИЛЯ ПРЕД БОГОМ.

Начинается следующая история, она о колене Реувена и Гада, которые остались за Иорданом:

/1/ И МНОГО СКОТА БЫЛО У СЫНОВ РЕУВЕНА И У СЫНОВ ГАДА, ВЕСЬМА МНОГО...

То есть сразу экспозиция: у них было много скота.

Да, животный уровень эгоизма. Тяжелый.

Это важно, сейчас этот большой уровень эгоизма начнет действовать дальше. В «Большом комментарии» написано:

Разбогатев в войне против мидьянитян, благодаря завоеванным золоту, серебру и драгоценностям мидьянитянских женщин, колена Гада и Реувена смогли купить огромные стада скота.

Именно так работали эти два колена, эти два уровня, Гад и Реувен, на животном уровне. Даже все остальные желания в итоге концентрировались на животном уровне.

НЕ ПЕРЕВОДИ НАС ЧЕРЕЗ ИОРДАН

Нуждавшееся в просторных пастбищах для скота и боявшееся жить вблизи от чужих народов колено Гада попросило у Моше разрешения обосноваться на восточной стороне Иордана, отвоеванной евреями у Сихона и Ога. К этой просьбе присоединилось и колено Реувена, соседствовавшее в стане Израиля с коленом Гада.

И дальше продолжает уже письменная Тора:

/1/ ...И УВИДЕЛИ ОНИ СТРАНУ ЯЗЕР И СТРАНУ ГИЛЬАД, И ВОТ, МЕСТО ЭТО – МЕСТО ДЛЯ СКОТА. /2/ И ПРИШЛИ СЫНЫ ГАДА И СЫНЫ РЕУВЕНА, И СКАЗАЛИ МОШЕ, И ЭЛЬАЗАРУ-КОЕНУ, И ВОЖДЯМ ОБЩЕСТВА ТАК:... /4/ ЗЕМЛЯ, КОТОРУЮ ПОРАЗИЛ БОГ ПЕРЕД ОБЩЕСТВОМ ИЗРАИЛЯ, ЗЕМЛЯ ЭТА ПРИГОДНА ДЛЯ СКОТА, А У РАБОВ ТВОИХ СКОТ».

/5/ И СКАЗАЛИ: «ЕСЛИ МЫ НАШЛИ МИЛОСТЬ В ГЛАЗАХ ТВОИХ, ПУСТЬ БУДЕТ ДАНА ЗЕМЛЯ ЭТА РАБАМ ТВОИМ ВО ВЛАДЕНИЕ! НЕ ПЕРЕВОДИ НАС ЧЕРЕЗ ИОРДАН!».

Глава «Матот»

Вообще это очень странно.

Это, конечно, не простая просьба.

«Не переводи нас через Иордан».

Да. Потому что есть разница между землей за Иорданом и Землей Израиля. Нахождение колен Реувена и Гада в этих «заиорданских» желаниях неживого уровня исправило эти уровни. Но, конечно, надо это всё понять.

Это не просто. Общая система исправления всех двенадцати колен заключается в том, что два из них остаются по ту сторону Иордана. Не переходят Иордан.

У них было условие: вы идете вместе с нами на завоевание всей земли, а после этого возвращаетесь к себе. С этой точки зрения все были согласны, что так должно произойти, и так и было сделано.

То есть заходили они в землю Израиля через Иордан – шли вокруг. Не только по пустыне, а вышли в Иорданию и оттуда перешли в Эрец Исраэль.

Все желают подняться в Эрец Исраэль, но у каждого свой уровень эгоизма, который он должен исправить в связи с другими. И поэтому они почувствовали, что именно это исправление для них подходящее, хотя и прошли все через их будущие земли и вышли через Иерихон, это выше Мертвого моря. Вот так они шли. Причем шли через Эдом, прошли через всё это заиорданье.

Там они воевали с Эдом, с Мидьяном.

Горы Эдом видны по дороге в Эйлат, когда въезжаешь, с левой стороны, в Иордании. Это горы Эдом.

Мы дальше читаем в «Большом комментарии»:

Более того, нас беспокоит, что, если мы осядем в Эрец Исраэль, наши многочисленные стада, забредая на чужие поля, будут причинять ущерб соседним коленам. Заняв под пастбища обширные земли на восточной стороне Иордана, мы избежим воровства.

Нам известно также, что тебе, Моше, не суждено перейти Иордан и войти в Эрец Исраэль. Мы хотим остаться с тобой в том месте, где ты будешь похоронен».

То есть они как бы говорят, что не готовы к последнему исправлению – Эрец Исраэль?

Как мне найти слова об этом? Это, конечно, уровень ниже, чем эрец Исраэль. Тем более там, где будет Иерусалим, Шило. Понятно, что это не те духовно освященные места. Но они говорят, что хотя бы Моше остается с ними, то есть он мертвый будет на том же уровне, что и они живые.

Но я не могу почему-то выразить это более понятно, литературно.

Эти, конечно, два уровня. Бааль Сулам в шестнадцатой части «Учения десяти сфирот» приводит текст АРИ из «Древа Жизни», что Эрец Исраэль делится на саму землю Израиля и потом дальше – заиорданье, Ливан, Сирия и Вавилон.

И все остальные земли называются просто землями вселенной, мира.

А Эрец Исраэль?

Называется «кибуш Давид». Царь Давид завоевал эти земли и держал их под своей властью.

Во времена Давида они были присоединены?

Да. Иордания, Ливан, Сирия и Вавилон (Бавэль). Я не знаю, до какой границы, но до рек Тигра и Евфрата, это точно.

А с другой стороны – до Нила, там, где Красное море, Суэцкий канал сегодня. Это границы.

И ВОСПЫЛАЛ ГНЕВ БОГА В ТОТ ДЕНЬ

Невозможно представить это сегодня.

Дело не в этом. Суть проблемы для всех: по мере овладения духовными силами ты получаешь соответственно этому сверху вниз во владение земли. Потому что существует связь между духовным корнем и земной ветвью.

Не то, что тебе необходимо это жизненное пространство. Кому оно вообще сегодня необходимо? Это все уже давно потеряло свой смысл. И оборона сегодня от этого уже не зависит.

Так что, наоборот, главное – чтобы твои духовные границы и земные соответствовали бы друг другу. Вот это важно. И у кого они более близки, тот счастливее и уверенней.

Вы сейчас сказали «более близки» Это уровень связи духовного с земным?

Связь духовного корня и земной ветви настолько прочна, что границы духовные и границы земные соответствуют друг другу.

И у Давида как раз это было?

У Давида было на сто процентов совмещение между ними. У всех остальных было в зависимости от того, в каком состоянии они находились. Тоже было совмещение. Поэтому приходили завоеватели и откусывали кусок или, наоборот, были обратные завоевания, и так далее, все время. Потому что тогда земная и духовная части, в принципе, соответствовали друг другу – до полного крушения Второго Храма.

А в наше время мы видим тоже все эти изменения, захваты, поражения, но они не имеют прямого отношения. То есть они связаны, конечно, с духовным уровнем, но с духовными эгоистическими уровнями человека. Поэтому нельзя сказать, что они в пользу народа.

Вот еще написано в письменной Торе:

/6/ И СКАЗАЛ МОШЕ СЫНАМ ГАДА И СЫНАМ РЕУВЕНА: «БРАТЬЯ ВАШИ ПОЙДУТ НА ВОЙНУ, А ВЫ БУДЕТЕ СИДЕТЬ ЗДЕСЬ? /7/ ЗАЧЕМ СКЛОНЯЕТЕ ВЫ СЕРДЦЕ СЫНОВ ИЗРАИЛЯ НЕ ПЕРЕХОДИТЬ В СТРАНУ, КОТОРУЮ ДАЛ ИМ БОГ?

То есть Он им говорит, что вы не можете здесь оставаться.

Если вы не перейдете, то они не перейдут. Потому что нельзя разрывать двенадцать колен. Потому что, только если ты во всех двенадцати коленах, ты сможешь исправить свой эгоизм, то есть завоевать эту территорию, в которую входишь. И поэтому все обязаны туда входить.

Это не на земном уровне: вы с нами пойдете, после этого мы вас освобождаем. Потому что невозможно участвовать в исправлении эгоизма не двенадцатью коленами.

Дальше вот что пишется:

Глава «Матот»

/8/ ТАК ПОСТУПИЛИ ОТЦЫ ВАШИ, КОГДА Я ПОСЛАЛ ИХ ИЗ КАДЕШ-БАРНЕА ВЫСМОТРЕТЬ СТРАНУ.

/9/ ОНИ ДОШЛИ ДО ДОЛИНЫ ЭШКОЛЬ, И ОСМОТРЕЛИ СТРАНУ, И СКЛОНИЛИ СЕРДЦЕ СЫНОВ ИЗРАИЛЯ НЕ ИДТИ В СТРАНУ, КОТОРУЮ ДАЛ ИМ БОГ.

Он припоминает им разведчиков.

/10/ И ВОСПЫЛАЛ ГНЕВ БОГА В ТОТ ДЕНЬ, И ПОКЛЯЛСЯ ОН, СКАЗАВ: /11/ НЕ УВИДЯТ ЛЮДИ, ВЫШЕДШИЕ ИЗ ЕГИПТА, ОТ ДВАДЦАТИ ЛЕТ И СТАРШЕ, ЗЕМЛИ, КОТОРУЮ Я ПОКЛЯЛСЯ ОТДАТЬ АВРААМУ, ИЦХАКУ И ЯАКОВУ, ИБО НЕ ИСПОЛНИЛИ ОНИ ВОЛИ МОЕЙ. /12/ ИСКЛЮЧАЯ ЛИШЬ КАЛЕВА, СЫНА ЙЕФУНЭ, сына КНАЗА, И ЙЕОШУА, СЫНА НУНА, ИБО ИСПОЛНИЛИ ОНИ ВОЛЮ БОГА. /13/ И ВОСПЫЛАЛ ГНЕВ БОГА НА ИЗРАИЛЬ, И ВОДИЛ ОН ИХ ПО ПУСТЫНЕ СОРОК ЛЕТ, ПОКА НЕ КОНЧИЛОСЬ…

То есть пока не достигли уровня бины. Очевидно, что могли бы достичь уровня бины – входа в землю Израиля – без…

Без сорока лет!

…без сорока лет пустыни?

Вот это вопрос! Без смерти!

Это вопрос. Мы оставим так. Его надо будет разобрать.

Если бы разведчики тогда пришли и посмотрели, и сказали иначе?

Они бы вызвали на себя такой свет хохма, который поднял бы их.

Глава
«МАСАЕЙ»

ВСЁ-ТАКИ ОНИ – ГЕРОИ

Последняя глава книги «Бемидбар» – глава «Масаей». Очень странная эта глава. В ней рассказывается о том, какой путь прошёл после выхода из Египта народ Израиля, рассказывается о городах-убежищах, о том, какие будут границы Эрец Исраэль.

Начинается она так:

Вот странствия сынов Израиля, которые вышли из страны египетской по ополчениям их под руководством Моше и Аарона. А Моше записал места их выходов в походы их, по велению Бога. И вот их походы по местам выхода их…

Вопрос: что это он записывал? Почему говорится, что Моше записывал?

Вся Тора – это запись. То есть первопроходцы, группа людей, которые объединяются между собой при получении методики объединения, называемой Тора, ставят себе цель – «возлюбить ближнего как самого себя» (это главный закон и общий закон всей Торы).

То есть под воздействием высшего света свыше и под воздействием своих собственных усилий снизу достичь состояния, когда они превращаются в одно единое целое – в систему, которая называется Адам (человек). И это система связи между ними.

К этой полной системе они приходят постепенно: в своих действиях и под воздействием высшего света. С двух сторон на них воздействуют эти силы: снизу отрицательные, сверху положительные.

И они пытаются в себе их соединить и таким образом соединиться.

Это соединение происходит постепенно. Сейчас мы говорим о соединении предварительном, которое называется «сорок лет пустыни». Это всего лишь первое объединение, когда они достигают свойства отдачи. Они еще не реализуют это свойство, они его только накапливают в себе. Это сорок лет пустыни.

Но это работа над эгоизмом?

Это работа над эгоизмом, когда они приподнимаются над ним каждый раз всё больше и больше.

А затем они входят в так называемую Землю Израиля – когда начинают работать над своим эгоизмом со свойством отдачи, как бы перепахивать его. Это уже так называемое завоевание Земли Израиля. Это самое главное.

И когда они достигают этого состояния, завоевывают Землю Израиля, тогда наивысшая точка их исправления – строительство Храма. Это значит, что из объединения между собой они создают одну единую интегральную систему, в которой и проявляется свойство единства, единственности, «возлюби ближнего как себя», полное растворение всех во всех. И тогда раскрывается в них полностью вся система, в их системе сил раскрывается общая сила, которая называется Творец. Вот этого состояния они должны достичь.

Но эта же сила раскрывалась между ними и здесь, за сорок лет блуждания по пустыне?

Нет! Это раскрывалось только лишь в состоянии над эгоизмом, не внутри самого эгоизма, – так называемая «отдача ради отдачи». Это «малые состояния».

Это и есть проход по пустыне?

Да, все время накопление этих малых состояний, когда они только лишь могут подниматься над своим эгоизмом. Пустыня – это подъем над эгоизмом – выше, выше, выше, выше... Только подъем! А затем, когда они уже полностью закончили этот подъем, достигли сорокалетнего уровня, начинается вспахивание этой пустыни, само исправление ее – того самого желания получать, наслаждаться, на отдачу между собой и, таким образом, Творцу.

Творец – это всего лишь достигаемое ими абсолютное единство.

И оно возможно только при построении Храма?

Оно олицетворяет собой как бы построение Храма.

А что ж там было?

Мне не надо строить ничего из камней.

А что ж там было все-таки в пустыне? Все время мы же говорили о проявлении, так или иначе, Творца.

Эгоизм, эгоизм, эгоизм все время проявляется в них. А они всё время, всё время пытаются и пытаются над ним приподняться. И всё время отступают и снова поднимаются. И не желают этого делать, и снова Творец им дает наставления.

Но есть же у них ощущение Творца?

Есть ощущение Творца, только в таком виде, когда Он выше них, а не внутри них. Есть даже Скиния Завета, и Творец вроде бы говорит между двух крувим...

Но это всё – лишь в подъеме над эгоизмом, это еще не в полном соединении с исправленным эгоизмом.

А что тогда для Моше Творец, все его общения с Творцом?

А Моше – это точка соединения с Творцом, которая находится в бине. И поэтому он самый великий пророк, то есть творение, имеющее полную связь с Творцом.

Все-таки есть связь с Творцом?

Минуточку! Эта связь с Творцом не абсолютна сейчас, в том периоде, о котором мы говорим. Но эта связь с Творцом – насколько мы идем вверх, настолько и Он поднимается вверх. Это не человек, конечно, не образ. Точка контакта всего человечества, общей души с Творцом, называется Моше.

Еще один вопрос: откуда же у них силы двигаться, если им не раскрывается, как вы говорите, Творец?

Творец еще не может раскрыться. Он раскрывается только частично над ними в виде облака или в виде столба огня.

Он раскрывается через Моше, и то Моше Его не видит. Он просит Его увидеть, но он не может, потому что у него нет для этого настоящих келим (сосудов) – желаний, потому что весь народ еще не исправлен, не в чем обнаружить связь с Творцом, раскрыть Его.

Всё-таки они – герои, конечно! Герои! Идут… так, двенадцатью коленами, держатся друг за друга.

Да. Величие цели! Ничего больше!

То есть, только поддерживая так друг друга, они могут двигаться?

Поддерживая друг друга, да. Только раскрытие, обоюдное раскрытие, якобы раскрытие друг другу величия цели, это и держит их.

И каждый раз они падают, и каждый раз должны постичь новое величие цели более высокое, чем прежде, и от этого получить силы подъема и подниматься.

ГИРЯ НА ЛЕВОЙ НОГЕ

Здесь сказано: «А Моше записывал места их выходов в походы их».

Все ступени, проходы, подъемы, падения, состояния, которые проходит эта группа людей, все остальные группы людей за ними будут также проходить абсолютно такие же, идентичные состояния. Это и записано в Торе.

И поэтому говорится: «Записывал по велению Бога»?

Да, Моше записывал Тору. То есть сидели люди и как бы писали. Хотя сказано, что это записано на сердце человека, но они это записывали, да.

Указан каждый пункт: откуда, куда они двигались, где постояли.

Это движение по духовным ступеням: так обозначаются духовные ступени.

Аналогично география в нашем мире – переход от Египта до земли Израиля через Иордан с обратной стороны. Причем, переход-то можно было сделать, конечно, как мы уже не раз говорили, где-то за недельку, со всем их стадом и с женщинами, и с детьми, а их так называемое блуждание растянулось на сорок лет. Это блуждание в себе! Блуждание в себе, да.

Начало такое:

Двинулись они из Рамсеса в первый месяц, в пятнадцатый день первого месяца; на следующий день после того, как принесли пасхальную жертву, вышли сыны Израиля бесстрашно на глазах у всех египтян, когда египтяне хоронили тех, кого Бог поразил у них, – всякого первенца, а над идолами их совершил Бог суд.[22]

То есть, в принципе, началом является выход из Египта? Это начало всего?

Ну, конечно.

А до этого – весь путь Авраама, Ицхака, Яакова?

Это уже всё включено в это состояние. Каждое последующее состояние – включает в себя все положительные и отрицательные проявления предыдущих состояний. Всех! Является их суммой.

Они вышли из Египта. То есть они поднимаются над всем своим эгоизмом, видя, что ничего там не светит, – абсолютно ничего, никаких новых достижений, постижений не может быть! Эгоизм полностью себя спровоцировал, абсолютная пустота!

Они выходят из Египта…

Во время, когда хоронили первенцев…

Да! Эти первенцы, в их глазах, просто умирают. Ничего не может быть в их эгоизме того, что бы их больше притягивало. Они полностью в нем разочарованы, эгоизм

---

22 Тора, «Числа», «Масаей», 33:03-33:04

проявил себя как абсолютную безнадежную пустоту. И поэтому на глазах всех своих эгоистических желаний они их покидают… Представь себе, что у тебя такое состояние, хорошее состояние, со злостью на них: ты оставляешь свои эгоистические желания, и ты можешь над ними приподняться! Естественно, это силой света, силой Творца. И ты выходишь из них. Но…

Вот это «но» пугает. То есть вы сейчас сказали: «Я свободен»…

Ничего подобного! Ведь ты выходишь из них, чтобы потом подтянуть их под себя!

Ты делаешь шаг вперед, а потом ты их должен подтягивать. И еще делаешь шаг вперед, и еще должен их подтягивать. И так вперед, и постоянно до цели творения эгоизм должен быть с тобой, только ты указываешь ему путь. Ты указываешь ему путь развития, а не он тебе. Не фараон командует Израилем, а Израиль командует фараоном.

То есть я все-таки свободен в этот момент?

Это называется свободой. Ты от эгоизма не освобождаешься! Ты освобождаешься от того, что он тобой командует.

А он все-таки со мной?

Он – с тобой!

А иначе как ты доберешься до цели творения – без того огромного эгоистического желания, которое создал Творец? Как сказано: «Я создал злую природу и дал свет (Тору) для его исправления».

То есть к моей ноге постоянно привязан…

К левой ноге – такая вот гиря, на которой написано: «Эгоизм»!

И я тяну ее?

Да.

Дальше говорится так:

И двинулись сыны Израиля из Рамсеса, и расположились в Сукоте. И двинулись из Сукота, и расположились в Эйтаме, что на краю пустыни. И двинулись из Эйтама, и вернулись к Пи-аХироту, что перед Бааль-Цфоном, и расположились перед Мигдолем. И двинулись от аХирота…[23]

И так далее, и так далее.

Да, да. Пока не доходят до горы Синай. По дороге еще и переход Красного моря.

И двинулись из пустыни Синай, и расположились там-то, и двинулись к Хацероту…

Это всё обязательно должно быть записано. Почему? Потому что это и есть путь, по которому проходит каждая группа людей, когда выходят, покидают свой эгоизм, приподнимаются над ним, доходят до такого уровня, когда полностью отрезают себя от него! То есть эгоизм находится полностью под ними. То есть они постепенно выходят, словно два цилиндра – один постепенно-постепенно выходит из второго и стоит над ним.

Вот такого состояния они достигают, только когда достигают горы Синай.

---

23 Тора, «Числа», «Масаей», 33:05-33:08

То есть они находятся уже «над»?

Да. А Египет с ними, внутри них, внизу. Ты ничего не можешь с ним сделать, это твоя природа, от которой ты избавиться не можешь.

Эту добавку верхнюю ты получил, потому что ты получил свет Творца, силу Творца. Она находится сверху. Но это не твое. А как сделать так, чтобы это стало твоим?

За время путешествия ты делаешь так, что ты поднимаешь Египет внутри себя, а затем в течение войны по завоеванию земли Израиля, ты его поглощаешь и делаешь его равным Творцу! Вот эти два этапа – перед ними.

И дальше ты заходишь туда – он уже внутри, и ты начинаешь его перерабатывать?

Да. А за 40 лет пустыни ты воюешь только, чтобы приподняться над ним. Ты как бы продолжаешь от него убегать, поэтому каждый раз вспоминается Египет.

ХРАМ ИЗ БЛОКОВ ЕГИПЕТСКИХ ПИРАМИД

То есть мы вносим Египет и в Эрец Исраэль?

Нет. В пустыне мы постоянно отрываемся от него в том смысле, что мы связаны с ним, но мы над ним.

То есть можем с ним начать работать?

Да. Но начинать работать – только уже в Земле Израиля.

Мы все-таки приносим Египет в Эрец Исраэль или нет?

Конечно! Можно сказать, что все те семь народов, которые находятся в Земле Израиля, с которыми мы должны воевать, – это тот же Египет. И с ним мы должны воевать, их мы должны победить, и тогда мы можем уже строить Храм. И строим Храм мы из того, что завоевали, то есть Египет весь этот обращается в строительство Храма, из него мы строим Храм. То есть Храм в Иерусалиме построен из блоков пирамиды. Да, вот так, образно говоря.

Эти точки переворота существуют: гора Синай… И дальше снова продолжается движение. И дальше входит

Аарон-коэн на гору Ор по велению Бога, и умер там в сороковой год после исхода сынов Израиля из страны египетской, в пятый месяц, в первый день месяца. /39/ Аарону же было сто двадцать три года, когда умер он на горе Ор.[24]

И дальше снова:

и двинулись они… и двинулись… И расположились у Иордана, от Бейт-аЙешимота, – *и так далее, и так далее,* – **до Авель-аШитима, в степях Моава.**[25]

Там названия такие, которые мы сейчас не можем каким-то образом расшифровать. А когда мы изучаем каббалу, мы уже понимаем, почему они так пишутся, почему у них такое числовое значение, откуда берутся эти названия. Это всё – ступени, ступени, ступени подъема.

Здесь достаточно много пунктов перехода. Каждый пункт – понятно, это состояние человека.

---

24 Тора, «Числа», «Масаей», 33:38-33:39.

25 Тора, «Числа», «Масаей», 33:49.

Состояние их вместе – группы людей. Поэтому и сегодня группа людей, которая будет проходить эти состояния, обязана будет по всей этой тропинке проходить, поднимаясь духовно внутри себя выше и выше.

А мы не проходим эти состояния сейчас?
Мы потом будем видеть, что мы прошли, сейчас мы еще не видим. Как ребенок, который развивается: он сам на себе не видит, каким образом он развивается. Только начиная с какого-то определенного уровня и далее, он уже начинает осознавать процесс собственного развития. А когда он маленький, он не осознаёт ничего, он на себе не может ничего видеть. А потом начинает постепенно видеть на себе – в юношеском возрасте. А потом уже в более зрелом возрасте, к 18-20 годам, он начинает понимать, что ему надо для того, чтобы правильно двигаться вперед и созревать. И потом он уже ощущает тот материал, который в нем находится, и как он его должен формировать, чтобы достичь полной правильной реализации себя.

Так наша группа, можно сказать, находится в состоянии младенца, который развивается, но еще не понимает, что с ним происходит. То есть инстинктивно мы поступаем, как ребенок. Он не осознаёт, что делает, его природа так бросает из стороны в сторону, чтоб он развивался. Вот в таком состоянии находится пока группа.

Я надеюсь, что как мы слышим ребенка, так и Творец слышит…
Надейся. Но это не значит, что мы не должны стремиться быстрее стать как можно более зрелыми, чтобы суметь сами себя всё больше и больше подправлять.

ГЛАВА «МАСАЕЙ»

> Остановились, расположились у Иордана...
> И говорил Бог...
> И говорил Бог, обращаясь к Моше в степях Моава у Иордана... «Говори сынам Израиля и скажи им: когда перейдете через Иордан в страну Кнаан, то изгоните всех жителей той страны от себя, и уничтожьте всякое изображение идолов их, и всех литых истуканов их уничтожьте, и все возвышения их... истребите.[26]

Дело в том, что когда мы были в Египте, то есть в состоянии, которое называется «Египет», то мы раскрыли на определенном уровне эгоистическое желание. В пустыне мы над ним приподнялись.

А сейчас, когда мы закончили этот подъем над эгоистическим желанием, мы снова обращаемся к нему, чтобы начинать с ним работать и получать ради отдачи. Это состояние уже называется «большим состоянием», поэтому называется «Исраэль», не Яаков («маленькое состояние»). В пустыне – это, как бы, Яаков, а вот в Земле Израиля –Исраэль. Поэтому они и взяли Яакова из Египта и перенесли его через всю пустыню в Землю Израиля, в Хеврон и далее, в пещеру Махпела.

Что там происходит? Обращение к эгоистическому желанию раскрывает его на совсем новом, более сильном уровне, глубоком, более страшном, более эгоистическом.

Когда над ним надо работать?

Да. И это и называется «вхождение в Землю Израиля». Что это значит? Если эти семь народов, живущих в земле Кнаан, которые находятся в отрицательных силах:

---

26 Тора, «Числа», «Масаей», 33:50-33:52.

хэсэд, гвура, тифэрэт, нэцах, ход, есод, малхут – ты сейчас начнешь покорять, то ты этим создашь положительные силы: хэсэд, гвура, тифэрэт, нэцах, ход, есод, малхут, – и таким образом у тебя получится желание исправленное, которое будет называться «Земля Израиля». Земля – это эрец – рацон (желание). Исраэль – «исра Эль» – прямо к Творцу, то есть желание, прямо направленное к Творцу. Во всех своих эгоистических проявлениях до самого конца! Что и будет означать, что ты полностью исправил все свои желания и все их направил к Творцу. А затем, когда ты всё это исправил и правильно направил к Творцу, ты должен еще выстроить Храм, то есть состояние, в котором ты полностью сливаешься, соединяешься с Творцом. Это и олицетворяет собой последняя ступень – Храм.

ИСКУССТВО ПРЕВРАТИЛИ В РЕЛИГИЮ

А что значат идолы всех жителей страны – этих семи народов? Сказано: «Уничтожить их изображения».

Какие это идолы? Это то, что есть в нашем мире – увлечения делами нашего мира. То есть всё, что отвлекает человека от того, чтобы в нашем мире он существовал просто как исправленное животное, принимал для себя то, что необходимо для поддержания нормального, здорового функционирования тела – не более! – как животное. И всю остальную свою энергию, все свои мысли, чаяния – всё направлял только на духовное возвышение.

Это и есть «уничтожить идолов»?

Да. Идол – это когда ты в нашем мире ставишь цели, которые выше необходимого животного существования.

Даже основные цели жизни?

Какие?

Стать большим режиссером, получить премию «Оскар», Нобелевскую премию.

Ну, это совершенно никуда не годится! Искусство вообще превратили в религию. Серьезно. Придали ему такую важность, что оно стало просто религией.

Ну, не искусство. Стать ведущим инженером, руководить предприятием.

Ничего! Абсолютно ничего человеку в нашем мире не надо! Это только отвлекает его от того, что он должен на самом деле делать согласно плану творения.

И при этом он начинает видеть, что это все дано ему только для того, чтобы он мог отказался от этого и приподнялся на соответствующее этому духовное возвышение.

Ничего в нашем мире! Ни ученый, ни композитор, ни философ, ни поэт, ни писатель – ничего в нашем мире! Балет, опера – неважно что – ничего в нашем мире нет, чтобы вообще было достойно внимания человека, чтобы можно было уделить этому вообще какое-то время и силы вместо того, чтобы заняться духовным возвышением, которое дает тебе вход сегодня, сейчас же, в вечную совершенную жизнь!

Это эгоистическое самоудовлетворение в виде искусства просто убаюкивает, опьяняет человека, дает ему удовлетворение, дает ему ощущение такого самодовольства, якобы приподнимает его над животным.

Да. Это называется «духовное состояние» для многих.

Духовное состояние?! Это просто большая глупость! И мы, я надеюсь, это постепенно сегодня уже обнаруживаем, и нас уже ни к искусству, ни к наукам и ни к чему не тянет. Все это находится в падении, и люди перестают тянуться к этому. И все это – только лишь по инерции еще, за неимением ничего другого, культивируется, но не растет.

Так для чего всё-таки даны таланты человеку?

Только для духовного возвышения. Возможно, будет промежуточное состояние, когда человек и в танцах, и в музыке, и в опере, и в песнях, во всех этих проявлениях культуры будет воспевать духовное восхождение. Я предполагаю, что мы очень быстро пройдем эти состояния, мы сразу же начнем строить свои духовные образы в Высшем мире, и для этого не понадобится никакого их овеществления.

У вас такое же отношение и к накопительству, к миллионерам, и к точным наукам, ко всему?

И к наукам тоже. Когда духовная цель раскрывается человеку, она заполняет собой весь его горизонт. Он начинает видеть все остальное как мелкое существование, которое просто надо исключить из своей жизни. И хотя мы видим, что каббалисты писали стихи, они сочиняли музыку…

Притчи?

Да, притчи. Но притчи – это запись каббалистических состояний.

Когда человек начинает постигать духовное, и ему не надо это передавать кому-то, то ему не требуется никакой язык, потому что это все живет в нем. Зачем же ему это все – эти внешние проявления: рисунки, звуки, телодвижения в танцах, и так далее. Мне не надо никому ничего передавать. Если мы находимся вместе в одном духовном состоянии, то мы друг с другом общаемся без вербального или телесного контакта, мы в нем не нуждаемся.

МЫ ВДРУГ ОКАЖЕМСЯ В ДРУГОМ ИЗМЕРЕНИИ

Ну, это хотя бы предварительные ступени, все-таки?

Я думаю, что эти ступени сейчас не понадобятся, мы просто рывком проскочим прямо в духовное воспроизведение, внутреннее воспроизведение в нас духовных состояний. И они будут ощущаться как бы телепатически.

А что же тогда школа, которая изучает науки, большую литературу, во что она превратится?

Она просто исчезнет!

Школа?!

Да, да, да. Это все исчезнет! Потому что нам не надо ничего, кроме как изучать, как правильно между собой соединяться и постигать высшее управление в связи между нами.

И на это будут направлены все предметы в школе?

А больше нам ничего и не надо. Мы будем получать высшую энергию, которая будет заполнять собой все. Мы вдруг окажемся в другом измерении, в следующем состоянии, мы будем заполнять наши энергетические пустоты непосредственно высшим наполнением.

То есть вы говорите, что все образование заменится воспитанием?

Мы будем всё меньше и меньше ощущать существование в своем теле – постепенно, вплоть до того, что оно будет исчезать из нашего ощущения.

Ты с такой какой-то жалостью смотришь на меня.

Это такая революционная передача. Люди будут смотреть, читать это, и они естественно начнут нервничать.

Ну и что?! Нет, не нервничать. Наоборот, это такая трансформация духовная, которую наш мир должен пройти, и она будет для него не в тягость, а в радость.

Потому что всё, что бы мы ни делали в этом мире, мы делаем насильно, вопреки своему желанию, из необходимости. И хотя человеку и кажется, что науки, искусства, всё это наполняет, возвышает его, на самом деле – это мелкие эгоистические наполнения, не более того! И поэтому они станут не нужны.

Науки и сейчас находятся в кризисе. И искусство. Нет у них никакой перспективы! Мы должны это заменить непосредственным духовным наполнением! Вместо того, чтобы посредством картин, танцев, музыкальных произведений наполнять себя или передавать друг другу какие-то впечатления, будет непосредственная передача наполнения друг другу прямо в душу. Неужели это не прекрасно?! Зачем… зачем надо все остальное?!

Да, это замечательно!

Это следующий этап нашего развития, нашего состояния. И там тоже есть культура, науки, но все они – совершенно в ином виде. Наука – это постижение Творца, это каббала, и всё, что в нее входит. В ней собираются все эти искусства. Все это находится внутри каббалы. И все свойства: хэсэд, гвура, тифэрэт, нэцах, ход, есод – это всё и есть проявление трансформаций, эманаций, всевозможных метаморфоз, переливов впечатлений, наполнений. Вот, допустим, опера: там есть и танцы, там есть и музыка, и пение, и элементы литературы (стихи, либретто). Вот такое огромное произведение, и еще намного большее, оно будет непосредственно наполнять человека в виде такой духовной оперы.

Это и есть: хэсэд, гвура, тифэрэт… В таком виде это все будет собираться и наполнять абсолютным наполнением любую душу.

То есть нам даны такие точки, чтобы мы почувствовали, что это одна миллиардная того состояния…

Мы должны пройти все духовные состояния в их отпечатке в эгоизме, в их таком ничтожном, маленьком, мелком виде. Но это все сейчас подходит к кризису, и теперь мы уже возносимся на духовный уровень, и там мы будем воспроизводить это в настоящем виде.

И ДВИНУЛИСЬ, И РАСПОЛОЖИЛИСЬ

В последней главе книги «Бемидбар» рассказывается о том, как двигался народ Израиля. Много прошел, много! Здесь указано огромное количество пунктов!

Масэ – это переход. В духовных состояниях это можно определить, только когда проходишь от одного состояния к другому, – это ступени духовного пути. Но если человек не проходит эти состояния, то эти пункты для него ничего не означают. А в духовном пути он понимает: что значит само название, почему в таком порядке он это проходит, каков его уровень в каждый момент пути.

В тексте много раз повторяются одни и те же слова: «и двинулись из», «и расположились». В чем их духовный смысл? Что это такое в работе человека?

Переход с духовной ступени на следующую духовную ступень! Это вынужденное движение, потому что возрастает эгоизм, желание, и ты должен его исправлять. Работа над эгоизмом и его исправление и есть духовный подъем.

Вот они и двигаются вперед, благодаря возрастающему эгоизму, перерабатывают его в альтруистическое действие и, таким образом, приходят к новому состоянию, на котором располагаются, останавливаются, постигают новое состояние Высшего мира и так далее.

Говорится, например:
И двинулись из Тераха, и расположились в Митке.[27]
И двинулись из состояния, которое называется «Терах»? И расположились в следующем состоянии, которое «Митке»?

Да. И у каждого названия своя гематрия, свои числовые значения. Это не просто названия, они содержат в

---

27 Тора, «Числа», «Масаей», 33:28.

ГЛАВА «МАСАЕЙ»

себе практически всю информацию об этой духовной ступени.

То есть расположились – это значит освоили?
Да.

Дальше говорится так:
И овладейте страной, и поселитесь в ней, ибо вам дал я эту страну, чтобы вы овладели ею.[28]
Поясните эти строчки.

Страна – это эрец, от слова «рацон», то есть желание. Вы должны те эгоистические желания, которые в вас сейчас возникают, преобразовать в желания связи между собой – альтруистические. Вместо взаимного отторжения, конкуренции, ненависти вы должны прийти к связи между собой и к любви. Это и есть освоение новых желаний, освоение новых мест в духовном пространстве, подъем по ступеням духовного развития.

ТАК ЧТО ПЛАКАТЬ ХОЧЕТСЯ

А что такое «поселитесь в ней»?

Поселитесь – то есть используйте эти желания правильно, чтобы эти желания стали наполняться всем постижением Высшего мира, высшим светом. Это ваш дом.

А постоянное добавление «ибо вам дал Я эту страну, чтобы вы овладели ею»?

---

28 Тора, «Числа», «Масаей», 33:53.

Очень непросто дал эту страну. Так что плакать хочется, поскольку надо ею овладевать, воюя с собственным эгоизмом, поднимаясь, ломая себя внутренне и связываясь с другими, которые кажутся тебе и ненавистными, и ненавистниками. И ты должен преодолевать эти состояния и учиться любить людей, внутренне любить их души, связи так, чтобы постоянно уподобляться Творцу, быть связанным со всеми как одно целое.

Для этого Он дал эту страну?

Да, в таких состояниях поселиться, наполниться, остановиться. А потом следующее состояние и следующее – еще выше и выше, и выше.

Дальше такая строчка:

И разделите страну по жребию по семействам вашим, многочисленному дайте больший удел, а малочисленному дайте меньший удел, где кому выпадет жребий.[29]

Что такое жребий?

Жребий – это непосредственное обращение за решением к высшей силе, когда люди идут выше своих мыслей, своего понимания, когда они полагаются на высший разум, а не на свой собственный, – это называется жребий, признак удачи. То есть мы абсолютно не считаемся со своими собственными желаниями: как кому выпадает, так и должно быть. Но это высшая ступень руководит нами, мы отдаемся ей, и она должна определить нашу судьбу.

У Бааль Сулама был один ученик, американец Краковски, и у него была машина. (Мне рассказывал об этом случае его старший сын РАБАШ – мой учитель.) В то время

---

29 Тора, «Числа», «Масаей», 33:54.

машины были, может, у десятка людей на весь Израиль (это где-то пятидесятые или даже сороковые годы). Решили поехать в Иерихон купить рыбу к празднику Песах. На этой американской большой и комфортной машине могли ехать всего лишь пять или шесть человек.

Жена Бааль Сулама настаивала на том, чтобы он взял еще и своего младшего сына. А Бааль Сулам хотел ехать со своими учениками и старшим сыном, потому что он уже был его учеником.

РАБАШа?

Да. Жена сказала: «Нет, ты должен взять и Шломо тоже!» И тогда он решил: «Хорошо, бросим жребий». Снял с себя шляпу, написали записки с именами, бросили в шляпу штук 20 записок и стали вытаскивать. Должны были вытащить пять или шесть записок (машина больше ведь не вмещала).

И записки с «да» вытащили ровно те, кого Бааль Сулам собирался взять с собой.

Как ни крути, против этого жена не могла ничего возразить, потому что это уже перст Божий. Это указание Свыше, что вот так надо. Она, конечно, закусила удила, но ничего не сделала. И они поехали в Иерихон именно своей тесной компанией, только его ближайшие ученики.

Это жребий. Высшая ступень определяет, а низшая обязана подчиниться, как бы ни было. Но мы не хотим быть подобными жене Бааль Сулама, а хотим быть подобными правильным ученикам, которые принимают то, что им дается, и выполняют. Это им тут и указано.

Это и есть жребий? Когда ты не включаешь свой разум?

Абсолютно ни в чем и никак! Но ты должен подготовиться к тому, чтобы встретить то, что выпадет, с радостью, как абсолютно правильное, как абсолютно цельное, стопроцентно справедливое!

Это и есть самое главное?

Да. Это непросто! Непросто! Я знаю по себе. Но именно таким образом человек, играя с собой, начинает понимать, насколько он действительно может отменить себя и прилепиться к высшему решению, к высшей структуре. И тогда он действительно прилепляется к ней и поднимается вместе с ней.

Я советовал бы подумать, как сделать такую игру. Всякие игры в жребий, которые показали бы каждому, насколько он должен еще работать над собой, чтобы отменять себя перед любым условием Свыше.

Решение свыше должно приходить на благодатную почву, когда я принимаю заранее всё, что мне скажут, с одинаковым свойством благодарности, счастья! Главное – чтобы я знал, что это высшее условие, высшее решение. А больше мне ничего не надо! Какое оно само по себе, – мне неважно, главное – что я получаю это от высшего.

Я получаю это от того, кого считаю высшим? То есть от учителя, от группы?

Да.

ГЛАВА «МАСАЕЙ»

МЫ И СЕЙЧАС НАХОДИМСЯ В РАЮ

А если человек получает какие-то удары судьбы, он так же должен к этому относиться?

А почему это – удары? Значит, подготовка была неправильной. Если нам указано, что мы должны быть в ощущении постоянного счастья, так как же я могу воспринимать все, что приходит ко мне? Только как абсолютное счастье! Это значит, что я делаю на себя сокращение и воспринимаю все только как исходящее от Творца. И в таком случае я вдруг оказываюсь в мире, полном счастья, полном света. Что-то изменилось? Мое ощущение, мое восприятие, не более того.

Какие бы ужасные вещи не происходили, я изменился: я отношусь к этому, как к абсолютному счастью, потому что я воспринимаю приходящее ко мне, как приходящее от великого источника. И он в моих глазах настолько велик, что я любые воздействия от него воспринимаю, как абсолютное счастье, абсолютное благо.

И в этом – всё изменение, весь переход от нашего мира к будущему миру и к самому высшему райскому состоянию. Оно только в нас находится! Мы и сейчас находимся в раю, хотя мы можем ощущать это, как ад. И мы пройдем ад перед тем, как достичь рая. Этим адом – будут те состояния, которые ты обязан ощутить ужасными и сделать на них исправления, чтобы воспринимать их уже райскими.

Но первое ощущение, что они ужасны, должно быть?

Да! А как же?! А иначе на что же ты будешь делать исправления?! Делай подготовку вместе с группой, которая тебя подготовит таким образом, что ты будешь воспринимать всё, исходящее из группы, и всю группу как нечто высшее, выше тебя. А группа должна создавать в тебе величие высшего. И тогда не будет страшно, и не будет проблемой воспринять всё, что нисходит свыше как великое счастье, радость, благо, изобилие, просто – свет.

В принципе, сейчас вы рассказали о секрете счастья?
Да. И всё зависит от человека. И ничего не меняется вокруг нас! Как сказано: «Я Себя не меняю». Мир наполнен светом Творца, высшим изобилием, высшим состоянием! А мы ощущаем его, согласно своему восприятию, обратным. И это все зависит только от нас. Поэтому и методика, которую мы осваиваем, называется «наука каббала» – наука восприятия, правильного восприятия одной и той же постоянной реальности.

Мы говорили о жребии…
Это и есть прохождение тех состояний, которые были указаны как отметки в пути, их место нахождения. «И двинулись, и расположились»… Это всё – работа, внутренняя работа над собой.

«И двинулись» – и получили такое-то состояние?
Да. Ты находишься в постоянном мире. Меняешься ты, и мир кажется тебе изменяющимся.

И разделите страну по жребию по семействам вашим, многочисленному дайте больший удел, а малочисленному дайте меньший удел…[30]
Таким и должно быть разделение. Что тут особенного?

---

30   Тора, «Числа», «Масаей», 33:54.

Глава «Масаей»

Дело в том, что надо всё измерять, надо всё осваивать. Это же внутренние человеческие желания.

Когда вы соединяетесь вместе, то вы начинаете анализировать, измерять, взвешивать свои свойства. И каждое свойство должно осваиваться в этом общем поле света. И надо выяснять, на основании каких состояний, на основании какого подобия, по какой формуле каждая часть этого огромного общего желания может правильно контактировать, осуществлять подобие себя этому полю.

Что такое многочисленная семья и малочисленная семья?

Только лишь по качеству. В духовном нет количества.

Что является качеством?

Мера подобия. Подобия высшему.

То есть мера любви, которую ты можешь отдать?

Да, только лишь. Но есть в этом измерении очень много разных свойств, ведь у нас есть и правая линия, и левая линия, и верхняя средняя, и низшая часть души и так далее. Они измеряются как бы количественно, но, в общем, говорят только о качестве.

О стремлении к любви, стремлении к отдаче? Этим определяется – многочисленное колено или малочисленное?

Да.

Я НЕ ЗНАЮ УЖЕ, К КОМУ ОБРАЩАТЬСЯ

Если же не изгоните жителей этой страны от себя, то будут те из них, кого вы оставите, колючками в глазах ваших и шипами в боках ваших, и преследовать они будут вас в стране, в которой вы поселились. И будет, как думал я поступить с ними, поступлю с вами».[31]

Мы должны исправить свои собственные желания. Мы должны отторгнуть их от себя, – это значит, исправить их в себе. Желания никуда не исчезают, их нельзя отрезать и выбросить куда-то. Есть огромное желание, созданное Творцом, как и сказано: «Я создал злое желание (злое начало) и дал Тору, для того чтобы его, это желание, исправлять».

А что такое: «если не изгоните жителей этой страны»?

Намерения на желание могут быть эгоистические или альтруистические. Само желание – оно инертно, оно абсолютно нулевое по своему изначальному применению, но дано нам в отрицательном виде. И его, это отрицательное применение, надо исправлять на положительное. Вот это и называется изгнанием тех народов, которые существуют в твоем желании.

А если оставить их?

А если оставить, тогда ты будешь сам, как эти намерения. Тогда Творец, как относится к ним, будет относиться к тебе, и намного хуже.

---

31 Тора, «Числа», «Масаей», 33:55-33:56.

ГЛАВА «МАСАЕЙ»

А что значит «колючками в глазах ваших, шипами в боках ваших они будут»?

Они тебе не позволят производить никакие духовные действия: отдачи, любви, взаимосвязи.

И притеснять будут вас в стране вашей, в которой вы поселитесь?

Это мне очень напоминает сегодняшнее состояние в Израиле.

Да. Сегодня так называемый «народ Израиля» – это тот сброд, который существует на этой земле, которому дали возможность что-то сделать с собой, а он ничего не делает! И поэтому, естественно, все время колючки, все время удары, нож в спину и в шею – то, что и делают с нами наши соседи. И это, потому что мы не выполняем свою работу! Нечего их обвинять. Надо обвинять себя! Надо найти правильную формулу, правильный подход к тому, чтобы изменить состояние. Оно только через нас проходит.

Вместо этого собираются построить два государства…

Ну, если мы не придерживаемся того, что говорит каббала, то нам хорошо не будет, мы ничего не достигнем. Нам надо что-то делать с собой.

И поэтому я просто не знаю уже, к кому обращаться и каким образом. Но мы оказались в эпицентре готовящегося атомного взрыва, и мы не понимаем, что мы вызываем через себя на весь мир. Надо осознать ответственность за происходящее.

Но ведь всё это скрытие происходит с высшей ступени?

Скрытие происходит именно для того, чтобы дать тебе возможность постоянно, быстро, во взаимной связи исправить себя, ощутить высшее состояние и провести его на все остальное человечество.

Это скрытие – благо для нас. Если бы не было этого скрытия, то мы были бы абсолютными автоматами, выполняли бы все указания свыше без мысли, без чувств, без разума, просто как автоматы. В таком случае мы бы назывались ангелами. А человек должен быть выше. Он должен подняться в состояние, когда он сам выбирает быть подобным Творцу и проводить Его идею человечеству.

Это и называется «победили Меня сыновья Мои»?
Да.

КАББАЛИСТИЧЕСКАЯ ГЕОГРАФИЯ ИЗРАИЛЯ

Дальше говорится о границах страны. Определяются ее границы с названиями, со всеми именами.

Мы это изучали в последней части книги «Учение десяти сфирот». Самая лучшая часть этой энциклопедии каббалистической мудрости. Эту часть очень любил РАБАШ. Мы с ним постоянно ее учили.

Но в Торе описано всё не в категориях сфирот, а просто по именам. И говорится так:

И говорил Бог, обращаясь к Моше, так: «Повели сынам Израиля и скажи им: когда придете вы в страну Кнаан, то вот страна, которая достанется вам в удел, страна Кнаан по границам ее. Южная сторона будет у

вас от пустыни Цин, что рядом с Эдомом, и будет у вас южная граница от края Мертвого моря к востоку.[32] Дальше рассказывается, какие места.

Граница же западная: будет у вас великое море границей, это будет у вас западной границей.[33]

И спустится граница… – *(там от такого-то места к такому-то)* – **и коснется побережья моря Кинерет…**

И так далее. Границы страны определяются, как каббалистическая география (как мы говорим).

Конечно. Это точно география, потому что граница и территория, и вообще география государства, – допустим, государства Израиль, – четко подобна своему духовному отображению, правильному отображению. И поэтому тут и указано, где эти границы должны пролегать на земле.

Поясните об этом правильном отображении.

Если мы соответствуем своему духовному предназначению, то наше духовное состояние определяется как желание, называемое «Исраэль» – «прямо к Творцу» – «исра Эль». И тогда эта часть на земле, то есть часть всего общего желания, которое называется поверхностью земного шара, маленькая часть, которая устремлена к Творцу, питает все остальные пустоты: моря, пустыни, земли, леса, неважно какие территории. Духовно питает их.

Если мы соответствуем своему духовному отображению, то тогда у нас есть место на Земле Израиля, и мы можем здесь существовать и быть проводниками духовной

---

32 Тора, «Числа», «Масаей», 34:01-34:03.

33 Тора, «Числа», «Масаей», 34:06.

энергии на весь остальной мир. Когда-то мы это сделали, и немного нашей духовной энергии распространилось через религии, через всевозможные верования. Еще со времен Авраама. В эту часть земли он и увел свою группу, которую создал в Древнем Вавилоне – в землю Кнаан. И создал из нее группу, которую и назвал Исраэль.

Но группа эта называется Исраэль только тогда, когда она соединена между собой любовью друг к другу, к ближнему.

Когда мы упали с уровня «возлюби ближнего» во взаимную ненависть между собой, группа перестала существовать, то есть народ Израиля перестал существовать. Он физически, вроде бы, остался существовать, но духовно он не существует. Мы это видим по тому, что сегодня происходит с евреями во всем мире.

Мы получили снова 100 лет назад возможность вернуться сюда. Затем получили даже мандат от ООН на создание государства. Но мы этим мандатом не воспользовались, мы не строим государство и народ по подобию нашего духовного корня!

И поэтому мы вызываем во всем мире и в ООН огромную новую волну антисемитизма, неприятия, отторжения, вплоть до желания просто аннулировать это государство, данную нам возможность! И это состояние все время накапливается, растет и угрожает.

Мы ничего не сможем с этим сделать, потому что это высшее желание. Нам дана, как пишет Бааль Сулам, возможность создать себя заново. Если мы этого не сможем сделать, нас отсюда просто выбросят высшие силы! Но руками каких-то народов. И мы должны будем снова куда-то разбрестись, если нас вообще где-то будут принимать. Это еще вопрос!

Но эта точка должна же работать! Вы сейчас показали, как всё связано, эта точка связана с высшим…

Эта точка работает над нами, если мы соединяемся между собой или стремимся соединиться. В итоге, образовалась в Израиле группа людей, которая может называться «Исраэль», но она должна решать свою задачу! Она должна быть соединена с высшим корнем!

Если она с высшим корнем соединится, то она сможет провести через себя свет сначала на людей, которые существуют здесь, в этом государстве, на этот сброд со всего галута, изгнания. И затем соединить его между собой и через них уже провести свет на весь мир. Вот тогда это государство и этот народ, – ставший народом (этот сброд, ставший народом), – станут достойными того, чтобы существовать и быть светочем для всего мира.

А границы этого места?

Они точно по духовному сосуду, духовному желанию, которое мы должны освоить, с четко очерченными своими духовными границами. И через него тогда, когда мы четко соединены между собой в них, мы можем уже воздействовать на все остальные части мира.

То есть, как вы говорили, это место надо еще «перепахать» – перевернуть землю с получения на отдачу?

Да, да. Мы должны вобрать в себя эти желания и соединиться именно с ними.

За работу!

ДВА БЕРЕГА ИОРДАНА

Мы продолжаем следить за тем, как народ Израиля двигался с места на место. И поднялись, и расположились… и двинулись, и расположились.

Со ступени на ступень духовную – как мы говорили.

В главе «Масаей» сказано, как разделить страну, когда войдут двенадцать колен; говорится о городах, куда будут убегать преступники, о городах левитов и так далее. Вот что здесь пишется:

/13/ И ПОВЕЛЕЛ МОШЕ СЫНАМ ИЗРАИЛЯ, СКАЗАВ: «ВОТ СТРАНА, КОТОРУЮ РАЗДЕЛИТЕ ВЫ МЕЖДУ СОБОЙ ПО ЖРЕБИЮ И КОТОРУЮ БОГ ПОВЕЛЕЛ ДАТЬ ДЕВЯТИ КОЛЕНАМ И ПОЛОВИНЕ КОЛЕНА. /14/ ИБО ПОЛУЧИЛО КОЛЕНО СЫНОВ РЕУВЕНА, ПО ОТЧИМ ДОМАМ ИХ, И КОЛЕНО СЫНОВ ГАДА, ПО ОТЧИМ ДОМАМ ИХ, И ПОЛОВИНА КОЛЕНА МЕНАШЕ – ОНИ ПОЛУЧИЛИ УДЕЛ СВОЙ. /15/ ЭТИ ДВА С ПОЛОВИНОЙ КОЛЕНА…

За Иорданом.

/15/ ЭТИ ДВА С ПОЛОВИНОЙ КОЛЕНА ПОЛУЧИЛИ УДЕЛ СВОЙ ПО ТУ СТОРОНУ ИОРДАНА, напротив ИЕРИХОНА, НА ВОСТОЧНОЙ СТОРОНЕ».

Почему девять с половиной?

Потому что есть деление в духовном парцуфе.

Кетэр, хохма, половина бины относятся к головной части.

Гальгальта Эйнаим.

Да. А все остальные относятся к телу – к исполнительной части.

Две с половиной сферы относятся к головной части парцуфа – духовного организма. И семь с половиной относятся к нижней части парцуфа. Такое деление наполовину объясняется тем, что бина делится на верхнюю и нижнюю части, которые противоположны между собой, но одновременно состоят и в союзе. Потому что самая главная идея обеих частей – отдача вверх, но вверх ты можешь отдавать, если ты отдаешь вниз.

Получается, что это противоположные действия, но связанные одной общей концепцией.

Поэтому и делится колено Менаше, ступень его, на две части: одна, которая будет за Иорданом, а вторая, которая будет внутри.

Бина олицетворяет представительство Творца в творении.

То есть, для того чтобы отдать наверх, нужно отдать вниз?

Да, конечно.

ПУСТЬ «РАССТАВЛЯЕТ СКАМЕЙКИ»

Хорошо, что мы прошли это на уровне сфирот, с каббалистическим пояснением. Ощущается мощнейшая глубина.

Дальше. Кто введет в страну:

/16/ И ГОВОРИЛ БОГ, ОБРАЩАЯСЬ К МОШЕ, ТАК: /17/ /17/ «ВОТ ИМЕНА ЛЮДЕЙ, КОТОРЫЕ… *введут вас во владения страной:* ЭЛЬАЗАР-КОЕН И ЙЕОШУА, СЫН НУНА.

То есть снова устанавливается, кто введет.

Эльазар и Иешуа бэн Нун.

Есть коэн, и есть руководитель. Дальше:

/18/ И ПО ОДНОМУ ВОЖДЮ ОТ КОЛЕНА ВОЗЬМИТЕ ДЛЯ РАЗДЕЛА ЗЕМЛИ. /19/ И ВОТ ИМЕНА ЭТИХ ЛЮДЕЙ: ИЗ КОЛЕНА ЙЕУДЫ... *и перечисляется* ...КОЛЕНА ЙЕУДЫ – КАЛЕВ, СЫН ЙЕФУНЭ... *и так далее.*

/29/ ВОТ ТЕ, КОМУ ПОВЕЛЕЛ БОГ ОПРЕДЕЛИТЬ УДЕЛЫ СЫНАМ ИЗРАИЛЯ В СТРАНЕ КНААН.

Поясните эти отрывки.

Это же не люди, это же духовные свойства. В Торе вообще не указаны физические персонажи. Даже Моше – имеется в виду свойство в человеке. В каждом человеке есть это свойство – Моше. Да и Творец – в каждом человеке. И вообще человек – это мир, в котором находится всё. Абсолютно всё!

И поэтому всё, что говорится в Торе, говорится о том, как уравновесить свой внутренний мир, соединить, исправить, сделать правильную настройку, калибровку. Чтобы я после этого мог использовать мой внутренний мир, чтобы я в нем обнаружил Творца в правильном взаимодействии всех его частей. Чтобы во мне начала образовываться внутренняя гармония и дала бы мне ощущение высшего существования, Творца – силы, которая заполняла бы всё, управляла бы всем, уравновешивала бы все мои части.

Когда все мои части уравновешиваются, взаимно дополняются, нет ничего лишнего, ничего, что работало бы с перекосом, тогда во мне образуется общее свойство, которое называется Творец. Это и называется раскрытием Творца.

Кто эти лидеры, которые определяют, как располагаться коленам на этой земле, как по отношению к Творцу?

Это не лидеры… Это подобно тому, как каждую шахматную фигурку ты ставишь на ее место.

Говорится, что Иешуа бэн Нун просто делал скамейки.

Да, да. Помогал Моше устраивать студентов в его заведении. Помогал, делал скамейки, устанавливал всё, приводил в порядок его аудиторию.

И он удостоился стать главным в поколении.

Именно потому, что предан Моше. Потому что Тора передается не по знанию, а по преданности учителю. Потому что в таком случае получается сопряжение двух душ, и все знания, все ощущения переливаются от высшего низшему. Всё, что может дать высший, он может дать низшему, потому что низший покоряется ему. Он просто аннулирует себя и становится полнейшим(!) орудием в руках высшего.

Не важны ни знания, ни даже присутствие на уроках?

Ни знания, ни свойства. Совершенно ничего не надо от наших земных свойств, кроме одного – полного слияния с высшим парцуфом. С высшим образом, с образом учителя. Всё!

Я только сейчас начинаю понимать всё больше и больше, почему это таким образом работает. Это так тяжело осознать – удивительно! Но это и есть принцип.

Этого никто не понимает, и никто не замечает, сколько ни говоришь...

Я уверен – то, что я сейчас говорю, всё равно никто делать не будет! Я поэтому и говорю. А если будет, так это кто-то очень-очень особый, отдельный ученик, который и так делает. Я не должен его выделять, пусть «расставляет скамейки». И никто даже о нем и не знает. А потом так получается, что Творец его делает следующим за тобой предводителем.

Народ может идти только за Иешуа.

СЛУГИ НАРОДА

Для чего же к Иешуа приставляется Эльазар-коэн, для чего от каждого колена – по одному человеку?

А нужен еще и парламент.

Почему?

А как же он будет это всё делать? Он должен руководить с их помощью. Они должны его поддерживать, потому что они понимают, кто он такой. Потому что в нем находится дух Моше, и поэтому они его поддерживают единогласно, полностью, на равных. И поэтому он получает дух Моше, а иначе бы он не получил.

То есть от них требуется работа – поддержать Иешуа в том, чтобы он был духовным предводителем.

А они уже будут претворять в жизнь то, что он будет им указывать. Каждый в своем колене и в народе.

То есть ему необходим проводник в народ?

Конечно. Он сам не должен этим заниматься. Здесь мы видим разделение ступени управления на две части: одна, которая связана с высшим, с Моше и с Творцом – это Иешуа, и вторая часть – предводители колен и коаним, которые связаны с низшими, с народом.

Снова мы говорим о бине?

Да, каждая такая ступень, которая руководит, всегда делится на две части.

Дальше говорится о городах:

/1/ И ГОВОРИЛ БОГ, ОБРАЩАЯСЬ К МОШЕ В СТЕПЯХ МОАВА У ИОРДАНА, НАПРОТИВ ИЕРИХОНА, ТАК: /2/ «ПОВЕЛИ СЫНАМ ИЗРАИЛЯ, ЧТОБЫ ДАЛИ ОНИ ЛЕВИТАМ ИЗ УДЕЛОВ СВОЕГО ВЛАДЕНИЯ ГОРОДА ДЛЯ ЖИТЕЛЬСТВА, И УГОДЬЯ ВОКРУГ ГОРОДОВ ЭТИХ ДАЙТЕ ЛЕВИТАМ. /3/ И БУДУТ ГОРОДА ЭТИ ИМ ДЛЯ ЖИТЕЛЬСТВА, А УГОДЬЯ БУДУТ ДЛЯ СКОТА ИХ, И ДЛЯ ИМУЩЕСТВА ИХ, И ДЛЯ ВСЕХ ЖИЗНЕННЫХ ПОТРЕБНОСТЕЙ ИХ.

Левиты – это те, у которых нет надела?

Да, это люди, которые занимаются образованием народа, взимают налоги, обучают народ, обустраивают. То есть администраторы. Сам народ – желания получать, которые могут правильно работать между собой и быть связанными между собой, именно только благодаря левитам. Коэны – это высшая часть левитов (высшая часть бины). Низшая часть бины – это левиты.

И все-таки им дается что-то: будут их города, как бы их уделы?

Да. Естественно, все равно они должны иметь связь и с землей, и с каким-то производством, и с наделами. Но самая главная их работа – это воспитание, образование, судебная часть, все, что относится к обслуживанию народа – делать из народа единую систему.

Теперь поясните про города.

/4/ А УГОДЬЯ ГОРОДОВ, КОТОРЫЕ ДАДИТЕ ВЫ ЛЕВИТАМ, ДОЛЖНЫ БЫТЬ СНАРУЖИ СТЕНЫ ГОРОДА НА ТЫСЯЧУ ЛОКТЕЙ КРУГОМ.

/5/ И ОТМЕРЬТЕ ЗА ГОРОДОМ НА ВОСТОЧНОЙ СТОРОНЕ ДВЕ ТЫСЯЧИ ЛОКТЕЙ, И НА ЮЖНОЙ СТОРОНЕ ДВЕ ТЫСЯЧИ ЛОКТЕЙ, И НА ЗАПАДНОЙ СТОРОНЕ ДВЕ ТЫСЯЧИ ЛОКТЕЙ, И НА СЕВЕРНОЙ СТОРОНЕ ДВЕ ТЫСЯЧИ ЛОКТЕЙ, А ГОРОД – ПОСРЕДИНЕ. ЭТО БУДУТ ДЛЯ НИХ УГОДЬЯ ГОРОДОВ.

Что такое – две тысячи локтей? Что такое – стена, окружающая город?

Две тысячи локтей, так называемые «альпаим ама», – расстояние, которое называется «десять сфирот». Каждый мир из миров, которые находятся под парсой, то есть вне мира Ацилут. А мир Ацилут называется городом, окруженным стеной, которая называется «парса». И выходящие за пределы города две тысячи ама – это часть, которая еще относится к городу. И эта часть – это не только две тысячи, это две тысячи ама и еще семьдесят ама – называется «ибуро шель а-ир», или в**ыпирающая часть.**

Выпирающая часть от города, как выпирает живот у беременной женщины. Эта часть, этот выступ за городом, эти владения являются владениями города, и считается, будто бы стена городская находится вне их черты, еще выступает как бы за две тысячи ама, это примерно тысячу метров вне города.

Город олицетворяет мир Ацилут. А все, что выступает вне города на две тысячи ама и семьдесят ама называется дополнительной частью, относящейся к городу. И в ней действуют те же законы, что и в городской части. Допустим, в городе этом запрещено курить. Значит, и в районе две тысячи ама вокруг городской стены запрещено курить.

Есть город, есть стена вокруг, и еще есть две тысячи и семьдесят плюс к этому.

Нет, сначала семьдесят, потом две тысячи.

Говоря о желаниях, вы говорите, город – это Ацилут?

Город – это те желания, которые уже исправлены и в которых всё, так сказать, уравновешено.

Это такой чистый, белый город?

Все в нем ради отдачи и взаимной любви – между собой и к Творцу. И это же действует и в семидесяти ама, и в двух тысячах ама.

Но все-таки то, что вне города, относительно города, обладает несколько иным статусом. Есть определенные законы, которые не то что можно нарушать, а немножко облегчать их вне городской стены.

ГОРОД ДЛЯ УБИЙЦ

Эрец Исраэль является городом по отношению ко всему миру?

Да. И вокруг этого города, вокруг этой страны, есть Заиорданье, Иордан, то есть вся Иордания, Ливан, Сирия и Вавилон.

Эти все части называются как бы включающимися, примыкающими к земле Израиля, и в них существует определенная мера святости. Все остальные части уже делятся не по мере святости.

То есть, Земля Израиля, в принципе, – пуп земли, Ацилут?

Да, конечно. Если высшая сила проявляется в нашем мире, то она проявляется через эту географическую территорию, скажем так.

И добавим еще – в нас?

В нас – вот это точнее. Человек, конечно, должен представить себе, что весь мир в нем отражается, и нет мира вокруг нас, нет всего того, что мы ощущаем и видим, все лишь в наших субъективных ощущениях.

И поэтому не надо воспринимать существующим то, что существует. Это всё – несуществующее, а существующее – только внутри нас, в наших внутренних представлениях, свойствах. И если мы будем их менять, мы будем представлять себе существующий мир все более и более виртуальным, духовным. Он будет расплываться, размываться, и мы будем ощущать себя все время восходящими к все более невещественному пространству.

ГЛАВА «МАСАЕЙ»

То есть не стоит вас спрашивать о связи материального Израиля с миром?

Нет этого материального Израиля и вообще мира – нет этого ничего. Это всё – только в наших ощущениях.

Но! Надо постараться, чтобы еще не умирая, в нашем мире, в этой нашей жизни – здесь и сейчас – ощутить Высший мир и существовать в обоих мирах. И это ощущение никому не передашь, но стремиться к тому, чтобы раскрыть его, необходимо.

Читаем дальше:

/6/ А ГОРОДОВ ЭТИХ, КОТОРЫЕ ДАДИТЕ ВЫ ЛЕВИТАМ: ШЕСТЬ ГОРОДОВ ДЛЯ УБЕЖИЩА, КОТОРЫЕ ВЫ ОТВЕДЕТЕ, ЧТОБЫ УБЕГАТЬ ТУДА УБИЙЦЕ, И СВЕРХ ЭТИХ ДАДИТЕ СОРОК ДВА ГОРОДА. /7/ ВСЕХ ГОРОДОВ, КОТОРЫЕ ВЫ ДОЛЖНЫ ДАТЬ ЛЕВИТАМ, – СОРОК ВОСЕМЬ ГОРОДОВ, ИХ И УГОДЬЯ ПРИ НИХ.

Сорок восемь городов дать левитам. А почему – сорок восемь? И шесть городов отдать убийцам?

Да, убийцам. Но это тем убийцам, которые по неосторожности убили, те, которые, якобы, опасаются кровной мести. Но всё происходит на духовных уровнях.

Это Творец искушает человека, чтобы он навредил другому человеку, якобы навредил, для того чтобы таким образом исправить другого человека, убив его эгоистическое желание.

Не знаю, можно ли в это вникать, но тогда у нас получится еще целая книга.

Нам придется в это вникать, потому что дальше об этом рассказывается.

Есть шесть таких мест. Это хесэд, гвура, тифэрэт, нэцах, ход, есод. Шесть против шести, клипа.

Чистые или нечистые места, и человек должен в них скрываться. Он не имеет права оттуда выходить. Он может оттуда выходить, но тогда его можно убить. Интересный закон.

Ты должен на всю жизнь убежать в этот город?

Да. Ты не можешь убежать просто так в этот город. Если ты убил кого-то и убежал, то суд, который постановляет, что ты убил не нечаянно, а умышленно, своими чаяниями. И тогда тебя оттуда вытаскивают.

То есть для такого убийцы этот город не существует?

Нет, это только для тех, кто случайно подвернулся под руку, так получилось. И, действительно, суд присуждает такому человеку изгнание в этот город. И он там существует: семья присоединяется к нему, там всё обустраивается. Но только в этих шести городах они могут жить, эти несчастные, неумышленные убийцы.

НАША ЖИЗНЬ – ТЮРЬМА

Интересно это представить.

А потому что тюрьмы нет.

По истинно духовным законам тюрьмы нет. Тюрьмой называется наша жизнь.

То есть мы – в тюрьме?

Да, мы – в тюрьме. А в изгнании живут эти люди, которые не могут соединяться со всем остальным народом.

Нет у них возможности соединения, слияния, любви ко всем.

Целый город неумышленных убийц?

Да. Они же не виноваты. Таким образом через них сработало высшее управление.

А как происходит их перевоспитание, как происходит их осознание?

Это не перевоспитание, их нечего перевоспитывать – они не виноваты.

Но их же все-таки отделяют от людей?

Их отделяют, чтобы не было кровной мести, чтобы их не убили, а не потому, что они будут кого-то убивать. Они всю жизнь сожалеют об этом. И сожалеть они должны, при этом исправляя свое сожаление, потому как это действие Творца. Это не простая задача.

То есть они осознали, в принципе, что это руководство Творца? Они являются жертвами?

Но они являются жертвами, потому что они в чем-то нарушили единство. То есть они где-то должны были принять на себя четкое условие, что кроме Творца нет никого, и они это условие преступили. Они вдруг начали чувствовать, что **они** делают что-то, а не Творец через них. И таким образом и произошло это действие, как нанесение вреда кому-то, убийство через них.

И они подлежат отстранению?

Это их исправление! То есть исправление в том, что через них произошло такое действие, и это действие направлено на кого-то, и теперь их за это, как бы, наказывают. Но это всё – исправление!

А тюрьмы на самом деле нет – вот что интересно. Мы видим, что и сегодня тюрьма никому не помогает. Наоборот. Выходят из нее, как из университета, еще более отъявленные уголовники, террористы.

Но это никого ничему не учит. Тюрьмы множатся…

Но вот мы привели совершенно другие законы. Мы не пользуемся этими законами, которые описаны в Торе. Тогда надо было бы и государство, и народ – всё переделать! Для этого надо всех перевоспитывать! И руководителей народа, и физических, материальных, и духовных – всё надо изменять!

Эти города и мое внутреннее преступление – что это?

Это движение человека к самоосознанию, к самоанализу: где я нарушил в своем представлении, в своем мировоззрении, в своем отношении ко всему, и к себе в том числе, единственность Творца? То есть, где я отнесся к чему-то, как к своему действию или действию других, не сознавая, что это действие Творца через нас, а мы в Его руках являемся исполнительными инструментами и не более?

В каждом своем действии я должен заботиться только о том, как быть абсолютно совместимым с Его волей, с Его задачей, с Его действием. Тогда лишь я буду находиться в общем соединении, слиянии, механизме как интегральная правильная часть.

Если в какую-то минуту во мне этого не будет, я кому-то где-то как-то наврежу этим. Ведь мы соединены между собой вместе, как шестеренки в одной машине: сломалась какая-то шестеренка из-за того, что я нарушил эту единую связь в своих мыслях и в своих желаниях – это значит, я убил кого-то.

Я точно определяю убийцу внутри себя?

Да, да! И таким образом я остаюсь сейчас в этом механизме. Но чтобы компенсировать дисбаланс, который я причинил этому механизму, вред, поломку, для этого я должен чувствовать себя находящимся в городе-убежище. И там уже идет большая работа внутри человека над собой.

ПРОИСХОЖДЕНИЕ ВЕНДЕТТЫ

Тема городов-убежищ продолжается очень интересно! Дальше сказано:

/9/ И ГОВОРИЛ БОГ, ОБРАЩАЯСЬ К МОШЕ, ТАК: /10/ «ГОВОРИ СЫНАМ ИЗРАИЛЯ И СКАЖИ ИМ: КОГДА ПЕРЕЙДЕТЕ ВЫ ЧЕРЕЗ ИОРДАН В СТРАНУ КНААН, /11/ ТО НАЗНАЧЬТЕ СЕБЕ ГОРОДА: ГОРОДАМИ ДЛЯ УБЕЖИЩА БУДУТ ОНИ У ВАС, И УБЕГАТЬ БУДЕТ ТУДА УБИЙЦА, УБИВШИЙ ЧЕЛОВЕКА ПО ОШИБКЕ.

/12/ И БУДУТ У ВАС ГОРОДА ЭТИ УБЕЖИЩЕМ ОТ МСТИТЕЛЯ, ДАБЫ НЕ ПОГИБ УБИЙЦА ПРЕЖДЕ, ЧЕМ ПРЕДСТАНЕТ ПЕРЕД ОБЩЕСТВОМ НА СУД.

Отсюда и появилось понятие «вендетта».

Это естественно! Мы говорим о семьях, о больших кланах или о коленах. Имеется в виду, что человек по неосторожности каким-то образом причинил другому вред.

В те времена это можно было сделать очень легко, и не было таких медицинских средств, как сегодня, и поэтому люди умирали. Умирали очень часто.

Тут есть два момента: первое – произошло убийство как бы по ошибке, а второе – для того, чтобы мститель не добил где-нибудь этого человека, существовали города-убежища, города убийц.

Но после того, как происходит суд, и этот суд постановляет, что убийство действительно было абсолютно ненамеренным и не было никакой предпосылки к тому, чтобы это случилось. В таком случае человек освобождается от всяких проблем.

Тюрьмы не существует, никакими податями и штрафами облагать его нельзя, хотя и есть определенная провинность: если у убитого остались жена и дети – что же делать? Есть на это особые законы. И тогда, по крайней мере, он может убежать от возмездия в эти города.

Но это с точки зрения простого трактования Торы.

А сейчас я как раз хотел спросить: что это такое с точки зрения работы человека над собой?

Работа человека над собой – когда он ошибается и убивает в себе человека, следующую ступень…

Случайно?

Да, случайно. По незнанию. То есть его к этому как бы вынудил Творец свыше. Следующая ступень специально ему это сделала, для того чтобы он оценил свое состояние и добавил к своему исправлению какие-то еще необходимые качества, которые помогут ему не ошибаться. И тогда он уже исправляет себя и идет вперед.

Тут есть шесть лет, на седьмой год, на пятидесятый год и так далее, когда они полностью освобождаются – забывается абсолютно всё! Это такие правила, когда после определенных ступеней всё прошлое стирается, начинается новая ступень.

То есть тогда предыдущее считается абсолютно законченным. Нет никаких проблем, никаких расчетов.

А что такое города-убежища внутри меня? Что это такое?

Свойство света хасадим. Когда я все свои неправильные желания помещаю в такую капсулу света отдачи, и тогда я могу в этом существовать. Я при этом абсолютно не пользуюсь своим эгоизмом. Полностью исключаю себя. Потому что я им воспользовался, и воспользовался неправильно – по незнанию, по неосторожности – неважно. И поэтому мне позволительно, что называется, отсидеться, то есть исправить себя с помощью включения в себя света хасадим.

Я всю жизнь там нахожусь, внутри этого света?

Нет, всю жизнь – необязательно. Существует прощение, периоды прощения, когда после этого нет воспоминаний о прошлом. В нашем мире это значит, что уже невозможно ему мстить.

Ведь тут проблема – а тот, кто ему мстит? Допустим, убийца вышел из этого города, и тут я его увидел вне города, я могу его убить. А что это значит в духовном? Это тяжело объяснить.

Тут надо поговорить о «законах убийства». Мы их коснемся. И еще немного о городах-убежищах:

/13/ ИЗ ГОРОДОВ, КОТОРЫЕ ВЫ ДАДИТЕ, ШЕСТЬ ГОРОДОВ ДОЛЖНЫ БЫТЬ ДЛЯ УБЕЖИЩА У ВАС. /14/ ТРИ ГОРОДА НАЗНАЧЬТЕ ПО ЭТУ СТОРОНУ ИОРДАНА, А ТРИ ГОРОДА НАЗНАЧЬТЕ В СТРАНЕ КНААН; ГОРОДАМИ ДЛЯ УБЕЖИЩА БУДУТ ОНИ.

Почему?

Вот! Непонятно. Там всего два с половиной колена из двенадцати! А здесь девять с половиной. Там три города и тут три города.

Да. Нет равенства.

Это значит, что там, наверное, будет больше проблем. Потому что люди находятся за пределами земли Израиля. Там уже больше эгоизм, уже больше проблем. И поэтому им тоже надо три города.

Значит, в Израиле при соблюдении законов Израиля, достаточно будет трех городов? А если вне Израиля, то будет больше испорченных желаний?

Да.

Читаем дальше:

/15/ ДЛЯ СЫНОВ ИЗРАИЛЯ, И ДЛЯ ПРИШЕЛЬЦА, И ДЛЯ ПОСЕЛЕНЦА СРЕДИ НИХ БУДУТ ЭТИ ШЕСТЬ ГОРОДОВ УБЕЖИЩЕМ, ЧТОБЫ МОГ УБЕЖАТЬ ТУДА ВСЯКИЙ, КТО УБИЛ ЧЕЛОВЕКА ПО ОШИБКЕ.

Это было уже сказано, и было сказано три раза. А в Торе повторяется еще и еще раз. И я вам уже задавал этот вопрос – но всё идет по Торе.

Дело в том, что Тора идет по своим законам. Она не повторяет, она дает нам новые ступени, и мы по ходу повествования просто этого не чувствуем. Тора указывает: и на этой ступени, и на этой ступени, и на этой у тебя могут произойти сбои, когда ты убиваешь в себе человека. И тогда ты должен войти в такой кокон, который называется город-убежище.

ПРИШЕЛЕЦ: «Я С ВАМИ»

Здесь есть добавка: «И для сынов Израиля, и для пришельца, и для поселенца среди них».

Да, для всех. Для всех – одни и те же законы. Поэтому добавляется еще раз.

Удивительное общество. Ты приходишь и говоришь: «Я хочу быть вместе с вами». Сказал – всё, с этого дня, с этого мгновения ты вместе с нами. Но ты выполняешь абсолютно всё, что мы. И как обязательство, и как получение тоже.

То есть пришельцу было достаточно сказать «я с вами», и всё? Не надо год проходить гиюр, всякие испытания?

Я не знаю точно, как это было физически, но духовно… В тот момент, когда ты говоришь «я согласен» – вперед!

Бабушка царя Давида сказала: «Я за своим мужем иду, твой народ – мой народ», – и этого было достаточно.

Да, всё. Это и есть гиюр – переход в иудейство, что называется.

Действительно, в этом чистом состоянии так и должно быть.

Конечно. Ничего больше. А какие там могут быть присяги, обещания? Ничего нет! Ты в своей жизни это показываешь.

То есть я хочу идти за этим свойством отдачи и любви – и всё?

Да, ничего больше нет.

Я думаю, что, если бы мы таким образом действительно показали миру, что мы такое общество, огромное количество людей потянулись бы. Кто бы этого не захотел?

Вас же в основном обвиняют в том, что вы преподаете каббалу и не евреям тоже.

Ну и что? Они просто не знают источников. Я бы им посоветовал перечитать первоисточники, я могу им прислать, если мне скажут куда, кому лично, на какие адреса.

Вы просто выполняете то, что говорите: «Для тех, кто хочет присоединиться…»

Для всех! Как пишет Бааль Сулам, что цель творения – абсолютно для всех: для черных, для желтых, для красных, для кого угодно. И все они имеют абсолютно равные со всеми права.

А что пришелец, который в Торе указан? Указано много раз «возлюби гера» – 36 раз, по-моему, в Торе указано. И то, что один и тот же закон абсолютно для всех. А что указано? «Возлюбите пришельца, потому что сами вы – пришельцы».

А кто из нас – нет? Все мы являемся народами мира – эгоисты, вавилоняне.

И поэтому законы эти абсолютно для всех одинаковые. Тора не передается по наследству.

Вы спокойно относитесь к обвинениям?

Да. Это просто невежество со стороны тех, кто так говорит и не более того. Обиды нет никакой с моей стороны, естественно. Придет время – они поймут. А сейчас пока ничего не сделаешь, надо ждать еще 100-200 лет. Подождем!

Такие сроки… Хочется при жизни.

А если 10-20 лет, то я уже увижу? Тоже не знаю. Вряд ли.

Дело в том, что человечество движется вперед, я уже вижу эти времена впереди.

Не страшно. Убедятся люди в том, что законы природы одинаковые для всех, и надо просто оттолкнуться от всех религий, разделяющих и призывающих к взаимной ненависти всех и вся. И подняться к единой религии мира – «возлюби ближнего как себя».

Это мы и учим в каждом отрывке текста Торы.

ПРИСЛУГА ПО НАСЛЕДСТВУ

В ней всё-таки выделяется Израиль?

Выделяется для того, чтобы подсказать тебе, напомнить, что разницы не должно быть никакой: тот, кто приходит к тебе, равноправен с тобой во всем! Нет только твоего равноправия с коэном и с левитом. Все пришельцы становятся как Исраэль.

И в любом случае абсолютно все равны. Абсолютно! Это Творец ставит как условие.

Все равны – это всё человечество?

Абсолютно! А все эти коэны, левиты, хотя и передаются по наследству, они принадлежат всем остальным как прислуживающие.

Тяжелая работа? Они избраны только для того, чтобы обслуживать массу?

Да. Как прислуживающие, как обслуживающие всю массу. А когда Израиль весь становится объединенным между собой, то он становится народом-коэном, то есть обслуживающим относительно всего человечества.

Чтобы весь мир поднялся до уровня Исраэль? И весь мир будет Исраэль?

Да. Весь мир поднимается тогда на уровень «коэн». Это – «коэн а-гадоль». То есть туда мы поднимаемся. Это самая высшая духовная ступень.

Дальше следуют такие законы:

/16/ ЕСЛИ ЖЕЛЕЗНЫМ ОРУДИЕМ УДАРИЛ ЧЕЛОВЕК КОГО-ЛИБО, И ТОТ УМЕР, ТО ОН – УБИЙЦА; СМЕРТИ БУДЕТ ПРЕДАН ТАКОЙ УБИЙЦА.

Тут не сказано – случайно, неслучайно. «Железным орудием» – что это такое?

Это понятно. С точки зрения Торы, каббалы, железное орудие – это самое большое применяемое эгоистическое желание. И там все верно.

И что значит, что он «ударил человека какого-либо, и тот умер»?

Я не знаю, как это точно объяснить. Когда я поражаю себя – имеется в виду только относительно себя. Потому что Тора обращается к одному человеку. Она говорит только об одном человеке, в котором все это происходит.

Значит, если я поражаю человека в человеке, то я достоин смерти. То есть я убиваю себя! Человек на самом деле уже этим убивает себя. Его уже не надо судить.

То есть он должен проверить себя, он должен осознать, что этим убил в себе человека.

ВСЕ ВИДЫ УБИЙСТВА ЧЕЛОВЕКА В СЕБЕ

Продолжаем читать:

/17/ А ЕСЛИ КАМНЕМ В РУКЕ, КОТОРЫМ МОЖНО УБИТЬ, УДАРИЛ ОН ЕГО, И ТОТ УМРЕТ, ТО ОН – УБИЙЦА; СМЕРТИ БУДЕТ ПРЕДАН ТАКОЙ УБИЙЦА.

Мы переходим на следующую стадию.

Следующая стадия – камень. Это «лев а-эвен», то есть это другое эгоистическое поражение. Это эгоизм, я бы сказал, что это эгоизм основной, или базисный эгоизм.

Базисный – камень. То есть это «домэм», неживой?
Да.

Дальше:

/18/ А ЕСЛИ ДЕРЕВЯННЫМ ОРУДИЕМ...

Мы все время спускаемся ниже и ниже. Или выше?

/18/ А ЕСЛИ ДЕРЕВЯННЫМ ОРУДИЕМ В РУКЕ, КОТОРЫМ МОЖНО УБИТЬ, УДАРИЛ ОН ЕГО, И ТОТ УМРЕТ,

ТО ОН – УБИЙЦА, СМЕРТИ БУДЕТ ПРЕДАН ТАКОЙ УБИЙЦА.

То есть за все виды поражения в себе духовного уровня человек убивает сам себя, неважно каким образом. Дерево – это уже более высокая эгоистическая ступень.

Здесь сказано: не случайно, а умышленно. Что значит что – умышленно?

У него есть металлический уровень, как ты видишь, каменный уровень и деревянный уровень.

Он убивает в себе человека на всех уровнях.

То есть Тора хочет сказать, что неважно, на каком уровне, но если ты убиваешь в себе человека – ты убиваешь.

Не может быть такого, чтобы ты использовал свой эгоизм и при этом остался бы на духовном уровне – ты все равно падаешь. А с какого уровня ты упадешь – это зависит от того, каким эгоизмом ты пользуешься.

Дальше написано:

/19/ КРОВОМСТИТЕЛЬ САМ МОЖЕТ УМЕРТВИТЬ УБИЙЦУ, ВСТРЕТИВ ЕГО, САМ МОЖЕТ УМЕРТВИТЬ ОН ЕГО.

Да. Конечно.

А кто в данном случае этот «кровомститель»?

Если ты находишь в себе силы убить в себе этого твоего эгоистического зверя, убийцу твоего, который хочет тебя убить, то убей его, задуши его, прибей его камнем.

Дай ему в зубы?

В зубы дать – это ерунда! Такое эгоистическое желание в тебе не подпускает тебя к Творцу, стоит на дороге и убивает, душит тебя, режет тебя, то есть делает из тебя все что угодно на духовном уровне. Не дает тебе продвигаться к Творцу – убей его. Упреди его и убей! И, несомненно, упреди его – не дай ему убить тебя!

В принципе, это призыв к убийству в себе...

Эгоиста. Обязательно. Это – заповедь.

Это высокое состояние?

Это доброе намерение и доброе действие.

Я должен почувствовать, что во мне это есть? И что эгоизм меня убивает?

Да. Убить его, вот так – с удовольствием!

УБИТЬ И ВОСКРЕСИТЬ УБИЙЦУ

Дальше:

/20/ А ЕСЛИ ПО ВРАЖДЕ ТОЛКНЕТ ЧЕЛОВЕК КОГО-ЛИБО ИЛИ БРОСИТ В НЕГО что-либо С УМЫСЛОМ, И ТОТ УМРЕТ...

С умыслом.

/21/ ИЛИ ЗЛОНАМЕРЕННО УДАРИТ ОН ЕГО РУКОЙ, И ТОТ УМРЕТ, – СМЕРТИ БУДЕТ ПРЕДАН УДАРИВШИЙ, УБИЙЦА ОН; КРОВОМСТИТЕЛЬ МОЖЕТ УМЕРТВИТЬ ТАКОГО УБИЙЦУ, ВСТРЕТИВ ЕГО.

Уже начались другие умыслы.

Неважно, все равно. Какая разница? Умысел один и тот же – действие другое. То есть через кого-то, через что-то. Ну, я послал тебе отравленное письмо.

С умыслом.

Конечно. Какая разница, каким образом?!

И в таком случае считается, что я убил человека и должен понести за это наказание. Если это во мне: я выискиваю все проблемы, почему я не продвигаюсь в духовное; я выискиваю, какое же желание во мне убивает во мне духовного человека, убивает духовное начало, и я это желание должен умертвить. Умертвить, то есть отрезать его от его эгоистического источника, чтобы у него не было сил. И когда это желание мертвое, тогда у меня назревает возможность – «воскрешения мертвых».

Только если оно мертво?

Да. Тогда у меня появляется возможность воскрешения мертвых – желаний! – это и называется «воскрешение мертвых тел».

Только если я их умертвил до этого?

Да. Это происходит внутри человека. Только это тяжело изобразить, конечно.

Но можно как-то иносказательно. Это называется «изучение Торы» – ты сам на себе проводишь эти исследования: выявляешь все эти народы, земли, действия – и все это в себе внутри проходишь, пока не достигаешь полной ступени отдачи и любви.

Мы говорили «с умыслом», как бы умышленно убить. А вот сейчас «без умысла»:

ГЛАВА «МАСАЕЙ»

/22/ ЕСЛИ ЖЕ НЕЧАЯННО, БЕЗ ЗЛОГО УМЫСЛА, ТОЛКНУЛ ОН ЕГО, ИЛИ БРОСИЛ В НЕГО КАКОЙ-ЛИБО ПРЕДМЕТ БЕЗ УМЫСЛА, /23/ ИЛИ КАКОЙ-НИБУДЬ КАМЕНЬ, КОТОРЫМ МОЖНО УБИТЬ, НЕ ВИДЯ, БРОСИЛ ОН В НЕГО, И ТОТ УМЕР, А ОН НЕ ВРАГ ЕМУ И НЕ ЖЕЛАЕТ ЕМУ ЗЛА, /24/ ТО РАССУДИТЬ ДОЛЖНО ОБЩЕСТВО МЕЖДУ УБИВШИМ И КРОВОМСТИТЕЛЕМ ПО ЭТИМ ЗАКОНАМ. /25/ И СПАСТИ ДОЛЖНО ОБЩЕСТВО УБИЙЦУ ОТ РУКИ КРОВОМСТИТЕЛЯ, И ВОЗВРАТИТ ЕГО ОБЩЕСТВО В ГОРОД УБЕЖИЩА ЕГО, КУДА ОН БЕЖАЛ, И ТАМ ОН ДОЛЖЕН ОСТАВАТЬСЯ ДО СМЕРТИ ПЕРВОСВЯЩЕННИКА, КОТОРОГО ПОМАЗАЛИ СВЯЩЕННЫМ МАСЛОМ.

Да, и тогда все прощается.

Это целая история теперь «без умысла».

Проходит эта ступень, на которой они находятся, – первосвященник (кетэр этой ступени) заканчивает свое действие, – и поэтому все они поднимаются на следующую ступень. И поэтому любые их действия, когда-то они правильно или неправильно действовали, – когда умирает первосвященник (значит сменяется ступень на следующую), все желания в человеке считаются уже исправленными.

Когда человек переходит на другую духовную ступень, всё начинается сначала?

Его первосвященник при этом уже меняется. Это признак того, что он может подняться на следующую ступень.

РЕЖЕМ, УБИВАЕМ, СЖИГАЕМ

Что такое «нечаянно», «без злого умысла», «толкнул», «бросил в него какой-то предмет»?

Это действия человека внутри себя.

Но что такое «без злого умысла»?

Когда мы работаем между собой. Я нахожусь в группе своих товарищей, и я без умысла вдруг могу навредить остальным, подняться вместе, объединиться вместе и так далее. Оттолкнуть могу духовно какого-то своего товарища от хорошего действия, исправления, нечаянным словом или даже своей мыслью. И это всё и называется «убийца».

Мы не представляем, как мы убиваем друг в друге такие порывы к духовному. То есть мы убиваем друг в друге наши следующие духовные ступени.

А если бы мы представляли?

Если бы мы представляли, то это очень страшно.

Горели бы?

Да. Поэтому нам и не показывают, чтобы это нас не остановило.

Потому что сегодня мы, на самом деле, все время режем друг друга: режем, убиваем, сжигаем, делаем все, что угодно, чтобы навредить друг другу, – неосознанно! Вот так же, как здесь – случайно. На самом деле это неосознанно.

Это и есть период подготовки? То, что нам не показывают, что в нас происходит по-настоящему?

Глава «МАСАЕЙ»

На самом деле, это происходит на каждой ступени, даже больших ступенях. Потому что относительно следующей высокой ступени я всегда должен идти верой выше знания. И если я так не иду относительно своих товарищей, внутри своих новых свойств, то я этим их убиваю. Так что это везде, на всем пути.

Дальше вот что говорится:

/26/ ЕСЛИ ЖЕ ВЫЙДЕТ УБИЙЦА ЗА ПРЕДЕЛЫ ГОРОДА УБЕЖИЩА СВОЕГО, КУДА ОН УБЕЖАЛ, /27/ И НАЙДЕТ ЕГО КРОВОМСТИТЕЛЬ ВНЕ ПРЕДЕЛОВ ГОРОДА УБЕЖИЩА ЕГО, И УБЬЕТ КРОВОМСТИТЕЛЬ УБИЙЦУ, ТО НА НЕМ НЕТ вины КРОВИ.

Тут вопрос. Если он вышел за пределы города, значит, он считает, что может уже использовать эти неправильные желания, он может использовать их в правильном порядке. А он не имел права выйти за пределы города — ему не разрешили, не постановили, не прошло определенное количество лет, не дошло до года всепрощения, не умер первосвященник. Если он вышел, значит, человек имеет право убить в себе это желание и больше его не использовать.

Значит, на этой ступени оно еще неосознанно: можно с ним работать или нельзя. Он не ощущает, что выход за пределы города для него невозможен. Он не может еще работать с этим желанием на отдачу. А если начал, то, естественно, убивает в себе эту ступень.

То есть желание как бы хочет перескочить ступени? Эта ступень еще не освоена?

Да. И поэтому оно себя убивает.

Сколько в Торе таких запретов, они караются все смертью. Помните, Надав и Авиу. Они были сыновьями Аарона, первосвященника.

Они были самыми высокими. Вот так и падают все люди.

Все должно двигаться четко в определенном порядке, и человек должен постоянно-постоянно контролировать, разделять свои желания, с которыми он может идти на отдачу другим, а с которыми нет. Если он не идет с ними на отдачу другим, невозможно их использовать, он обязан их в себе законсервировать, поместить их в эту оболочку, которая называется город-убежище.

Каков сигнал выйти из города, что это за сигнал должен быть?

Внешний сигнал. Ты не имеешь права доверять самому себе. Есть несколько признаков внешних сигналов – сверху, с высшей ступени приходит свет, который говорит тебе: «Всё, я исправил в тебе это желание. Ты согласен сейчас, можешь работать с ним на отдачу. Выходи».

Вся Тора говорит о том, как сделать из нас людей. Из этих животных, которые с каждым годом, с каждым днем, мы видим, становятся все более и более дикими.

Но сигнал этот явный? Человек явно слышит: «Выходи»?

Да, если изучаешь и применяешь, реализуешь каббалу, то ты четко понимаешь, что в тебе происходит, и не ошибаешься.

Пойдем за этой наукой и будем через нее читать этот великий исторический документ.

ГЛАВА «МАСАЕЙ»

И перестанем убивать в себе людей!

ЗАКОН ОТРИЦАНИЯ ОТРИЦАНИЯ

В главе «Масаей» подробно разбирается тема городов, в которых скрываются убийцы.

Да, это города- убежища.

Говорится о выходе из города и возможности убийства:

Если же выйдет убийца за пределы города убежища своего, куда он убежал, и найдет его кровомститель вне пределов города убежища его, и убьет кровомститель убийцу, то на нем нет вины крови.[34]

Конечно. А как же еще?! А для чего же он прятался в городе? Чтобы его не убили.

То есть не надо выходить из города?

Да. Это по нашим законам. То есть по законам человеческим, это так звучит.

Но Тора говорит же не об этом. Она говорит о том, как надо предохраняться от своих вредных сил, которые сидят внутри тебя. Ты должен прятаться в правильные отношения между людьми, и ни в коем случае не покидать их.

А если ты выходишь за рамки своего общества, которое тебя держит, поддерживает во взаимном договоре, взаимном поручительстве, – теряешь с ним связь, выходишь за пределы так называемого города, тогда ты подставляешь

---

34 Тора, «Числа», «Масаей», 35:26-35:27.

себя под всевозможные опасности: твой эгоизм начинает тебя убивать.

Это кровомститель?

Да. Он будет тебя преследовать. Короче, нельзя тебе убегать из города, в котором ты можешь сохраняться.

Что значит «сохраняться?

Человек представляет собой вообще всю Вселенную. Есть в нем желания, которые он может исправить, и тогда он живет свободно везде. Он также находится в таких желаниях, которые он, в принципе, исправляет, но исправляет неполным образом. Вот часть из этих неполным образом исправленных желаний – таких, которые он якобы убивает нечаянно, не подготовлены к тому, чтобы их исправить. И в таком случае он должен защищаться. И для этого и существует такого типа связь его с окружением, которая называется «город– убежище».

Это очень непростая система, вся Тора говорит только о том, каким образом мы должны быть взаимосвязаны между собой. И вся эта пустыня между нами или десятки, или сотни, тысячи, собрание войск, двенадцать колен, города –убежища... Сама Земля Израиля, что называется, поделенная на две части – за рекой Иордан и до Иордана – и на 12 колен. Колено Менаше, половина которого за Иорданом, и половина внутри. Это все очень интересные деления.

Причем, заранее заказано, где каждый будет жить.

Запрещена связь между коленами. Кажется, должно же быть наоборот – всё вместе! Нет! Ты – в этом колене, ты можешь жениться только в этом колене. Ты должен жить только на его территории и не имеешь права никуда уходить. Ты не имеешь права строить дом на территории другого колена.

Смотри, как всё, с одной стороны, замкнуто всеобщей любовью, всеобщей взаимной связью…

Казалось бы, живите вместе!..
Они же при входе в Землю Израиля достигают состояния взаимной любви! Как же при состоянии взаимной любви мы не можем перемешиваться?!

Нет! Мы должны именно сохранять каждый свой удел и жить под своим, так сказать, виноградником, под своей крышей, пальмой.

Почему? Ответ очень простой – так же существует наше тело. Оно существует именно потому, что в нем совершенно различные органы работают в разных режимах, абсолютно в разных! Сердце стучит так, легкие, почки, печень – всё работает на разных уровнях. У каждого из них – свои внутренние законы!

Все эти органы выделяют разные вещества, отчасти несовместимые, и только совместная их правильная работа дает живой, здоровый организм. Когда один не вторгается в область другого, а работает строго на связи со всеми по определенной схеме.

Самое главное – это схема.

Тора и дает эту железную схему, по которой ты должен, с одной стороны, быть отделенным от других, точно отделенным, ограниченным и отдаленным, и в связи с другими.

Это противоречие между ними и объединение вместе с противоречиями: день и ночь, плюс и минус… – правильно собранная между собой система именно таким образом и функционирует – только лишь на противостоянии двух противоположных сил и на их связи над их противостоянием.

Закон отрицания отрицания.

И эрец Исраэль – город убежище?

Каждого. И существует определенное количество наших внутренних свойств, которые обязаны быть внутри городов-убежищ.

ТОЛЬКО СВОИМИ ГЛАЗАМИ

Дальше написано:

Ибо в городе убежища своего должен тот оставаться до смерти первосвященника, а после смерти первосвященника может возвратиться убийца в страну владения своего. И будет это у вас установлением законов для всех поколений ваших во всех местах проживания вашего.[35]

Там вообще отменяются все ограничения.

Что такое жизнь и смерть первосвященника?

Это кетэр, это смена всего парцуфа, смена всей ступени. Кетэр – потому что головная часть его меняется, меняется абсолютно всё управление народом, государством – всем полностью. И поэтому все возвращаются на свои места, на круги своя, и всё начинается как бы с нуля. Обнуление.

---

35 Тора, «Числа», «Масаей», 35:28-35:29.

Допустим у нас 125 ступеней духовного восхождения – это 125 первосвященников, получается?
125 ступеней – это частные ступени исправления каждого.

А что значит, что после смерти первосвященника убийца может возвратиться в страну владения своего?
Потому что эти шесть городов не относятся ни к какому колену, они относятся к левитам. Из сорока восьми – шесть.

Смена ступени?
Да, смена ступени всё нивелирует. И строй всё заново.

И снова уходи в города убийц на следующей ступени?
Если случается, – конечно. Но так случается обязательно. Потому что необходимо! И то, что Тора указывает, что это точно должно случиться, это входит в общую систему эгоизма. Невозможно исправить нашу природу, если не будет убийц, если не будет воров, если не будет проституции, если не будет проблем, склок и всего прочего. Весь эгоизм должен проявиться!

И без этого никак нельзя?
Без проявления эгоизма? Мир начинается с ночи, и потом день – «и был вечер, и было утро – день один».

И вот это называется «вечер»?
Да. Ночь.

Дальше написано:

Всякий, кто убил человека, – по показанию свидетелей убивают такого убийцу; один же свидетель не может давать показания против человека, чтобы осудили его на смерть.[36]

Отсюда выводится свод человеческих законов?

Тора является основой для сегодняшних законов тоже. Первый раз договор купли-продажи был составлен еще Авраамом, который купил землю под пещеру Меарат а-Махпела («двойная пещера» ивр.) для места упокоения его и Сары. Он заплатил 400 шекелей серебра, составив договор с продавцом.

Что такое свидетели в этом отрывке?

Свидетельские показания могут быть основой только лишь при наличии двух свидетелей. Минимум! И чтобы эти свидетели не были в родстве. Ты их должен сначала исследовать, провести следствие. Ты должен допрашивать одного, другого, сопоставлять их показания, путать их и так далее – для того чтобы точно определить, что они никоим образом не связаны друг с другом, нет между ними никакого родства, никакой взаимной заинтересованности, предварительной договоренности насчет третьего человека и так далее. Только после этого можно вообще принимать дело к расследованию.

Свидетель – это тот, кто видел убийцу?

Да. Не слышит, а видит. Только это имеется в виду. То есть «я слышал» не считается, только «я видел», только глаза!

---

36 Тора, «Числа», «Масаей», 35:30.

А что значит «увидеть убийцу»?

«Увидеть убийцу» – это, когда мы достигаем уровня Хохма (видение – это хохма, зрение), то есть полного осознания того, что происходит во мне. Когда я вижу, что во мне происходит, как эгоизм уничтожает во мне какое-то доброе начало, которое желало бы меня вести вперед, но восстает эгоизм и не позволяет мне сделать этот добрый шаг, доброе действие. Вот тогда я его оцениваю с помощью своего здравого смысла. Когда я понимаюсь уже до этого уровня, только тогда я могу восстать.

И если я это делаю с правильным судом, то есть если у меня, кроме моего сегодняшнего состояния, есть еще одно состояние, еще один свидетель, то есть если я что-то увидел, что-то обнаружил в себе – на первый раз мне этого не достаточно. На второй раз, когда я вижу то же самое явление и постигаю его своим разумом – всё. Этого достаточно для того, чтобы искоренить в себе это явление.

То есть я должен увидеть этого убийцу дважды? И это называется – два свидетеля?

Да, как минимум.

То есть я дважды должен подняться до уровня Хохма?

Да. И только тогда у меня есть силы, возможности для правильного суда, правильного вывода, и я могу искоренить в себе это явление.

А что такое «подняться до уровня Хохма» с точки зрения соединения?

Это значит осознать источник, корень происходящего и суметь над ним подняться. Суметь удержать себя, искоренить в себе это состояние настолько, что в следующий раз – на этой ступени – мне уже не надо будет его исправлять.

Я уже получаю настолько серьезную силу свыше, силу суда (суд – это тоже уровень Хохма), настолько серьезный уровень суда, что я уже с этого уровня и далее, с этого мгновения, нахожусь выше этих помех. Поэтому считается, что я их убиваю, искореняю в себе, исправляю.

Но нет здесь заключения, тюрьмы. Есть или бегство в город неумышленных убийц, или исправление на месте (различные откупы и прочее), когда я себя таким образом исправляю.

ВЫКУП НЕ БЕРЁМ

Далее говорится:

Всякий, кто убил человека, по показанию свидетелей убивают такого убийцу.[37]

То есть тут уже убийство убийцы?

Да, если убил человека в себе. Я животное, во мне возникает человек, и есть во мне отрицательные свойства против этого, которые этого человека убивают. Мне надо постоянно быть внутри себя, как праведный судья, который четко определяет: это человек во мне растет, а это свойство противоположное ему, которое желает его истребить, убить на корню. И здесь я должен стоять и защищать.

Сколько здесь еще вопросов!

---

37   Тора, «Числа», «Масаей», 35:30.

Да, интересно. И видится внутренняя драма, которая постоянно разыгрывается, и очень интересно в ней участвовать. Но это можно делать только с поддержкой окружающего общества.

Как ухватить, схватить этого убийцу?

Только если ты вокруг себя образовываешь, организуешь такое общество, которое тоже будет заниматься этим, и будет постоянно держать такую атмосферу, когда ты будешь постоянно в этом.

И тебе не будет трудно, ты будешь этим жить! И все время выбирать, все время анализировать, все время проигрывать в себе эти состояния! И это будет огромным наслаждением – постоянное выявление правильных свойств: росток, который растет и растет в тебе – древо жизни. И все отрицательные свойства – вроде бы они становятся в нем положительными, они дают ему соки жизни.

Все эти убийцы становятся обратными?

Они поначалу возникают как обратные, как желающие навредить, а правильное отношение к ним делает из них свойства, которые охраняют это дерево и дают ему питание.

Очень красиво!

Это и называется «гибор шэ бэ-гиборим», то есть «герой среди героев», который все отрицательные свойства обращает в положительные. Потому что на самом деле никаких положительных свойств нет. Только мы и должны сделать их положительными.

И не берите (искупительный дар) за душу убийцы, злодея, которому надлежит умереть, но смерти будет он предан.[38]

Если это свойство четко поражает человека во мне, то его надо искоренить. Ты не можешь его смягчить, оправдать, хотя ты получаешь от этого какую-то другую выгоду. Эта выгода может быть тогда уже только эгоистическая. Нельзя ни в коем случае смягчать суд!

И не берите выкупа за убежавшего в город убежища своего, чтобы возвратиться ему на жительство в страну прежде, чем умрет первосвященник.[39]

Все правильно предусмотрено. Очень четко.

«Не берите выкупа за убежавшего».

Как же можно это сделать?! Мы сейчас заплатим, и он может возвратиться?!

Даже говорится о той семье, в которой один человек случайно убил другого и убежал в тот город. Предположим, я его родственник, иду к этой семье и говорю: «Мы вам заплатим. Мы вам построим новый дом. Дадим вам столько скота, сколько вы потребуете – пожалуйста, всё вам сделаем, только дайте ему вернуться к своей жене и к детям».

И что – нельзя? Они простили вроде бы...

Не имеет права! Не могут выкупить таким образом. Никоим образом! Это вроде бы и не по-человечески. Заплатил и вышел. Нет!

---

38   Тора, «Числа», «Масаей», 35:31.
39   Тора, «Числа», «Масаей», 35:3).

То есть он должен пройти окончательное исправление?

Дело не только в этом, мы здесь сталкиваемся с другим условием. Творец ввел его в искушение убить другого человека, ведь ничего не делается без высшего намерения, и поэтому нам нельзя здесь пользоваться своими земными расчетами.

То есть «только когда (как сказано) умрет первосвященник»?

Тогда свыше меняется вся система управления.

Вы сказали: «Творец его ввел в искушение». Творец его и должен вытащить из города, получается?

Да, да. Только так.

Это и есть «смерть первосвященника»?

Да. Управление свыше.

ПОЙМАТЬ ТВОРЦА В СЕТИ

Дальше написано так:

**И не оскверняйте страну, в которой вы находитесь, ибо кровь оскверняет страну, и стране не искупиться от крови, которая в ней пролита, разве только кровью пролившего ее. И не оскверняй страны, в которой вы живете, в которой Я обитаю, ибо Я, Бог, обитаю среди сынов Израиля».[40]

---

40 Тора, «Числа», «Масаей», 35:33-35:34.

Очень красиво сказано, но что это такое – «не оскверняйте страну, в которой вы находитесь, ибо кровь оскверняет страну»?

Кровь – это свет хохма. Вода – это свет хасадим. То есть невозможно достичь правильного состояния общества, связи между частями общей души, если мы не будем правильно взаимодействовать между собой. Эгоистически. Наши эгоистические части должны быть правильно связаны между собой.

Получается так, что каждый из нас остается эгоистом, а между собою мы налаживаем связи альтруистические. Как бы провода между нами – альтруистические. Я от своего эгоизма направляюсь к тебе альтруистически, ты от своего эгоизма направляешься ко мне альтруистически, но каждый из нас внутри остается в своем желании! И мы это желание перекрываем и только над ним работаем.

То есть только мостики строим?

Да. Строим мостики над эгоизмом. А внутри себя остаемся такими, какие мы есть.

И самое главное – это построить на себя экран, сокращение, и правильное отношение к другому. Тогда мы практически ставим во главу нашей деятельности связи между нами, а не самих себя! Все-все связи, перекрещивающиеся между нами. И вот паутина этих связей, огромнейшая, многослойная, многовекторная и называется «душа» – общая, на всех одна! А каждый из нас – лишь участник в этой общей душе. То есть каждый сам по себе не представляет собою ничего! Важно именно его участие в этой паутине, в ее создании и в ее функционировании.

Свяжите это с тем, что здесь написано:

И не оскверняйте страну, в которой вы находитесь, ибо кровь оскверняет страну, и стране. …ибо кровь оскверняет страну, и стране не искупиться от крови, которая в ней пролита, разве только кровью пролившего ее.[41]

«Страна» – имеется в виду эта связь между нами. Мы должны обязательно взаимодействовать между собой так, чтобы между нами текло только доброе отношение друг к другу. То есть практически между нами течет вода.

Хасадим?

Хасадим. Молоко, ты можешь сказать. Хотя молоко – это уже выше, чем вода: это кровь, которая приобрела свойство воды.

Питательные свойства?

Да.

И дальше говорится:

/34/ И НЕ ОСКВЕРНЯЙ СТРАНЫ, В КОТОРОЙ ВЫ ЖИВЕТЕ, В КОТОРОЙ Я ОБИТАЮ, ИБО Я, БОГ, ОБИТАЮ СРЕДИ СЫНОВ ИЗРАИЛЯ.

В этой сети находится Творец! Это нам и необходимо – построить такую сеть, такой мощности, чтобы начать ощущать Его. И эта мощь, с которой мы начинаем Его ощущать, она называется духовной ступенью. И таких 125 ступеней во всё большем построении этой сети между нами, и таким образом во все большем ощущении Творца.

---

41   Тора, «Числа», «Масаей», 35:33.

Получается, что мы называемся сыновьями Израиля только в том случае, если мы строим эти сети?

Конечно. Согласно этой работе мы и называемся.

Без этого мы никто – животные, если существуем отдельно. И хуже, чем животные, потому что животные между собой правильно связаны инстинктивно, а мы – нет.

ПЕЧЕНЬ ОТДЕЛЬНО И СЕЛЕЗЕНКА ОТДЕЛЬНО

Дальше вдруг какой-то переворот: только что говорили о городах-убежищах, и вдруг другая проблема:

/1/ И ПОДОШЛИ ГЛАВЫ РОДОВ ИЗ СЕМЕЙСТВА СЫНОВ ГИЛЬАДА, СЫНА МАХИРА, СЫНА МЕНАШЕ, ИЗ СЕМЕЙСТВ СЫНОВ ЙОСЕФА, И ГОВОРИЛИ ПЕРЕД МОШЕ И ПЕРЕД ВОЖДЯМИ, ГЛАВАМИ СЕМЕЙСТВ СЫНОВ ИЗРАИЛЯ, /2/ И СКАЗАЛИ: «ГОСПОДИНУ НАШЕМУ ПОВЕЛЕЛ БОГ ДАТЬ СТРАНУ В УДЕЛ СЫНАМ ИЗРАИЛЯ ПО ЖРЕБИЮ, И ГОСПОДИНУ НАШЕМУ ВЕЛЕНО БОГОМ ДАТЬ УДЕЛ ЦЛОФХАДА, БРАТА НАШЕГО, ДОЧЕРЯМ ЕГО. /3/ ЕСЛИ ЖЕ ОНИ СТАНУТ ЖЕНАМИ КОГО-ЛИБО ИЗ ДРУГИХ КОЛЕН СЫНОВ ИЗРАИЛЯ, ТО ОТТОРГНУТ БУДЕТ УДЕЛ ИХ ОТ УДЕЛА ОТЦОВ НАШИХ И ПРИБАВИТСЯ К УДЕЛУ ТОГО КОЛЕНА, СЫНАМ КОТОРОГО ОНИ БУДУТ ЖЕНАМИ, А ОТ УДЕЛА НАШЕГО ПО ЖРЕБИЮ ОТТОРГНУТ ОН БУДЕТ. /4/ И даже КОГДА БУДЕТ ЮБИЛЕЙ У СЫНОВ ИЗРАИЛЯ, ОСТАНЕТСЯ УДЕЛ ИХ ПРИБАВЛЕННЫМ К УДЕЛУ КОЛЕНА, СЫНАМ КОТОРОГО ОНИ БУДУТ ЖЕНАМИ.

О чем здесь сказано?

Я бы не хотел разбирать эти дела, настолько они глубокие. С точки зрения юридической это понятно, можно разобрать, никакой проблемы нет, но мы же говорим с точки зрения внутренней.

Для начала хотя бы с точки зрения юридической. Дочери со своим уделом выходят замуж...

Есть проблема: они никак не могут выйти замуж в рамках своей общины, они могут выйти замуж только лишь вне общины.

Если вне общины выходят замуж, что вообще запрещено, но для них это возможно по каким-то причинам, в каких-то границах, то тогда вместе с ними переходит и доля общины, наследства, так называемого, приданного, в другую часть.

Причем уходит навсегда! Возвратить невозможно. Потому что они туда ушли, они там уже находятся вместе со своими мужьями, у них там дети, семья и все прочее. То есть это просто отрезается от одного колена и переходит к другому колену.

Настолько, что ни смерть первосвященника, никакие юбилейные пятидесятые годы – ничего не возвращается. Вот это имеется в виду.

Такое постановление:

/5/ И ПОВЕЛЕЛ МОШЕ СЫНАМ ИЗРАИЛЯ ПО СЛОВУ БОГА, СКАЗАВ: «СПРАВЕДЛИВО ГОВОРЯТ СЫНЫ КОЛЕНА ЙОСЕФА. /6/ ВОТ ЧТО ПОВЕЛЕЛ БОГ О ДОЧЕРЯХ ЦЛОФХАДА, СКАЗАВ: ТЕМ, КОМУ ПОНРАВЯТСЯ ОНИ, МОГУТ ОНИ СТАТЬ ЖЕНАМИ, НО ТОЛЬКО В СЕМЕЙСТВЕ КОЛЕНА ОТЦА ИХ БЫТЬ ИМ ЖЕНАМИ...

То есть они должны оставаться, такая связь между коленами все равно практически запрещена.

/7/ ЧТОБЫ НЕ ПЕРЕХОДИЛ УДЕЛ У СЫНОВ ИЗРАИЛЯ ОТ КОЛЕНА К КОЛЕНУ; ИБО КАЖДЫЙ ЧЕЛОВЕК СРЕДИ СЫНОВ ИЗРАИЛЯ К УДЕЛУ КОЛЕНА ОТЦОВ СВОИХ ДОЛЖЕН БЫТЬ ПРИВЯЗАН.

А как еще можно сделать? Колено – это как бы орган. Существует двенадцать основных органов в организме. И как ты можешь оторвать от печени кусочек и присоединить к селезенке? От селезенки оторвать кусочек, присоединить к печенке? И от печенки к легким?

Это жесткая система, ты ничего не можешь сделать. И у каждого своя определенная душа – поэтому он и находится внутри этого органа, и должен внутри него быть.

Это всё передается через мужчин, потому что имеется в виду экран, отраженный свет. И если к нему присоединяется желание, это не важно.

Но вообще запрещены браки. То есть ни женщина в другой орган, то есть в другое колено, не входит, ни мужчина в другое колено не приходит. Связь между коленами отменяется очень четко: ограничения на браки между коленами отменились только после крушения Храма.

Дальше он продолжает:

/8/ И ВСЯКАЯ ДОЧЬ, НАСЛЕДУЮЩАЯ УДЕЛ В КОЛЕНАХ СЫНОВ ИЗРАИЛЯ, ДОЛЖНА СТАТЬ ЖЕНОЙ КОГО-ЛИБО ИЗ СЕМЕЙСТВА КОЛЕНА ОТЦА СВОЕГО, ЧТОБЫ СЫНЫ ИЗРАИЛЯ НАСЛЕДОВАЛИ КАЖДЫЙ УДЕЛ ОТЦОВ СВОИХ, /9/ И ЧТОБЫ НЕ ПЕРЕХОДИЛ УДЕЛ ОТ КОЛЕНА К ДРУГОМУ КОЛЕНУ, ИБО КАЖДЫЙ

ЧЕЛОВЕК СРЕДИ СЫНОВ ИЗРАИЛЯ К УДЕЛУ СВОЕГО КОЛЕНА ДОЛЖЕН БЫТЬ ПРИВЯЗАН.

И поэтому по сей день среди религиозных существует очень четкое определение того, кто и откуда происходит. И они стараются заключать браки внутри своих общин.

Если женщины из одного колена выйдут замуж за мужчин в другое колено, тогда удел перейдет туда, а этого быть не может?

Приданое идет за женщиной. Потому что женщина олицетворяет эгоизм, который переходит от одного к другому, с ней идет приданное, она является несущей желание.

И заканчивается глава так:

/10/ КАК БОГ ПОВЕЛЕЛ МОШЕ, ТАК И СДЕЛАЛИ ДОЧЕРИ ЦЛОФХАДА.

Все-таки им большое место уделено в этой главе.

Они пример для всех остальных.

КАК РАЗОГНАТЬ И СНОВА ПОСТРОИТЬ ООН?

/11/ И СТАЛИ МАХЛА, ТИРЦА, И ХОГЛА, И МИЛЬКА, И НОА, ДОЧЕРИ ЦЛОФХАДА, ЖЕНАМИ СЫНОВ ДЯДЕЙ СВОИХ. /12/ ЛЮДЯМ ИЗ СЕМЕЙСТВ СЫНОВ МЕНАШЕ, СЫНА ЙОСЕФА, СТАЛИ ОНИ ЖЕНАМИ, И ОСТАЛСЯ УДЕЛ ИХ ЗА КОЛЕНОМ СЕМЕЙСТВА ОТЦА ИХ. /13/ ЭТО ЗАПОВЕДИ И ЗАКОНЫ, КОТОРЫЕ

ЗАПОВЕДАЛ БОГ ЧЕРЕЗ МОШЕ СЫНАМ ИЗРАИЛЯ В СТЕПЯХ МОАВА, У ИОРДАНА, НАПРОТИВ ИЕРИХОНА.

Этим заканчивается глава.

Что это значит: все привязано и ко времени, и к месту, и к колену, по всем параметрам. Потому что вообще это многослойное сочетание – неживая, растительная, животная, человеческая природа. Все они должны правильно соединяться вместе – при этом каждый элемент в своей плоскости.

Был установлено закон, что никаких смешиваний не происходит?

Никаких! Не может быть такого! Наоборот, четкое отделение. Одновременно с тем, что между собой существовала поддержка, но не вторжение одного в другого.

Никакой орган, как и в нашем теле – это хороший просто пример, – не может вторгаться в другой.

А то, что существует одна кровеносная система?

Это связь между ними! Внешняя связь, которая не относится ни к одному из органов. Есть огромное количество систем, функционирующих в организме: нервная, лимфа, кровь, и так далее. Это все существует. Но это все между ними.

Можно над этим приподняться и посмотреть таким взглядом на мир?

И мир так же делится, по тем же двенадцати коленам, по тем же двенадцати органам. И ты привлекай к этим коленам и к этим органам хоть еще восемь миллиардов людей, и все они должны вписаться в ту же схему, в двенадцать колен, потому что эта схема –цельная.

Когда отпадут колена? Когда мир станет абсолютно единым?

Я не думаю, что они отпадут. Я думаю, что совершенство будет достигнуто именно благодаря тому, что существует разделение и совмещение. Именно когда оно будет полностью гармоничным, тогда и будет мир полностью исправлен.

И в нем останутся плюс и минус, и противоположные свойства, но они будут дополнять друг друга, и всегда будут именно подчеркивать друг друга. Не быть друг против друга, а именно выявлять друг друга, вырисовывать, выделять, восхищать другого.

Вы говорите о другой организации объединенных наций, когда я не за свою страну воюю, а я забочусь о другой стране, получается так?

Конечно!

Это идеальная организация объединенных наций?

Я даже не хочу вспоминать это эгоистическое собрание нашего мира.

А правильное собрание – какое? Что такое «правильное собрание»?

Надо создать университет, который бы обучал людей быть людьми, правильно взаимно связанными друг с другом, каждый во благо остальных, по тем же законам как соединяется каббалистическая группа между собой, и после этого создавать такую организацию. Постепенно из них же в процессе учебы создавать такую организацию, и из нее обучать мир, каким он должен быть. Присоединять весь мир к тому, что там существует, как к сердцу. Ты представляешь, насколько это противоположно сегодняшнему состоянию?

Будем надеяться, что все это, в конце концов, осознается, и для этого эта организация пока еще существует.

Мы закончили четвертую книгу из Пятикнижия. В нескольких словах подведите итог.

В ней очень детально и очень четко описываются всевозможные законы коммутации между частями общей души. Она выстраивается в процессе так называемого сорокалетнего путешествия по пустыне, прохождения сорока ступеней, когда достигается ступень бины – общего правильного взаимодействия, но еще только в сторону свойства отдачи. То есть ты не вредишь мне, а я тебе.

Мы ограничиваем свой эгоизм, мы учимся быть над нашим эгоизмом. Не соединяться между собой – это уже следующая ступень, это уже внутри страны при вхождении в землю Израиля, а мы учимся сейчас, как сосуществовать, не затрагивая друг друга: твое – твое, мое – мое. Это еще надэгоистическая ступень.

Это уже серьезное соединение их между собой. Были нэфеш, руах, нэшама, хая. То есть правильное соединение между собой, когда они уже сталкиваются своими эгоистическими внутренними желаниями, которые растут и образовываются, составляя между собой некие настоящие образования.

И между ними возникают определенные связи, уже надэгоистические. Потому что это свет уровня хая между ними.

А следующая, уже последняя часть – это ехида.

Перед входом в эрец Исраэль?

Глава «Масаей»

Перед входом в землю Израиля, когда они достигнут абсолютно полного состояния **бины** и смогут начать восхождение на уровень **хохма**.

Это уже очень высокая ступень.

Глава
«ДВАРИМ»

ТОРА НА 70 ЯЗЫКАХ МИР

Мы открываем последнюю книгу Торы, которая называется «Дварим». И первая глава тоже называется «Дварим». Закончив четыре книги, мы приближаемся к Эрец Исраэль, к окончанию. В «Большом комментарии» написано:

Когда Бог сообщил Моше, что тот умрет сразу после битвы с Мидианом, Моше попросил: «Позволь мне перед кончиной повторить евреям Тору с самого начала! Я хочу разъяснить им все трудные места и детали законов Торы».

Всевышний уважил просьбу Моше.

И далее:

Первого швата 2488, за 37 дней до смерти Моше, Он сказал ему: «Собери народ, чтобы повторить с ними прежние заповеди и обучить их новым, которые они еще не знают».

Завершив свое поучение, Моше начал обучать евреев заповедям Торы и разъяснять их суть. Он объяснял их не только на святом языке, – *тут написано*, – *но и на семидесяти коренных языках мира*.[42]

У меня сразу возник вопрос: как он объяснял?

А как он объяснял на коренном языке?

И это тоже вопрос. На коренном и на 70 языках мира. Для чего? Что это такое?

---

42   «Большой комментарий», недельная глава «Дварим».

Это на самом деле самое полное объяснение того, что должно происходить в общей душе.

Что значит заповеди? Это наша душа, то есть наше общее соединение между собой в одну единую интегральную систему. Она представляет собой систему связи между нами, которая состоит из 613 отдельных желаний, которые должны быть соединены между собой в одно единое целое, интегральное целое, с полным взаимодействием между собой.

Значит, в этом интегральном целом все эти желания должны объединяться между собой на самом высшем уровне, что означает, что они связаны между собой святым языком.

Святой язык называется языком отдачи. Это – как язычок в весах, который всё время должен указывать на равновесие всей системы. То есть положительные, отрицательные, всевозможные взаимно дополняющие силы, свойства в соединении, всевозможные режимы, которые возникают в этой системе, всё должно быть четко-четко уравновешено. Вся система постоянно следит за своим равновесием, и всё в ней постоянно меняется. Она бесконечно динамичная по огромному количеству параметров. Это и есть единая душа.

Это и есть святой язык?

Да, это святой язык. И он самый важный, он находится выше всех для того, чтобы уравновешивать всё.

Под ним, как под общей тарелкой, которую надо постоянно уравновешивать находится 70 тарелочек, привязанных к этой общей тарелке, из которых каждая тоже должна уравновешиваться. Это называется «70 основных языков мира», или «70 основных народов мира». Это:

хэсэд, гвура, тэфэрет, нэцах, ход, есод, малхут – семь основных параметров, которые существуют в общем кли.

Они существуют и в самой высшей тарелке, в самой высшей системе, но они должны предварительно уравновешиваться на более низких уровнях. И не только эти 70, а под ними находятся еще и еще – всевозможные разветвления. То есть вся эта система должна постоянно быть в равновесии и таким образом двигаться к абсолютному объединению, которое называется концом исправления.

Это очень динамическая, очень подвижная, дышащая система. Она называется душой. Это и есть общая душа или Адам.

Это объяснение пронизывает всю толщу, всю глубину...

Моше выкладывает им абсолютно полную систему правильного управления всем мирозданием: каким образом наши души могут соединиться в одну единую душу, каждая из них – над своим частным эгоизмом. О нашем мире речи не идет, его вообще не существует в духовном мире.

Так и говорится, что он на святом языке и на 70 коренных языках мира объяснил это? Чтобы потом вся Тора прошла через весь мир?

Да. Сначала восстанавливается коренной язык в минимальном своем объеме, который называется малым состоянием, или Исраэль (это малое состояние). Поэтому и сказано: «Вы – малые среди всех народов». А когда высшая система более-менее уравновешивается сама, после этого сигналы управления равновесием распространяются вниз на остальные народы. И таким образом эта система воссоединяется. Изначально дается свыше установка на равновесие, и после этого внизу на 70 основных народах мира эта установка уже реализуется.

Еще раз, если можно: 70 народов мира – что это такое? Коренные языки 70 народов мира? К нашему миру не имеет отношения, но что это?

Нет, это всё – в духовном мире.

Существуют семь основных параметров: хэсэд, гвура, тифэрэт, нэцах, ход, есод, малхут. Каждый из этих параметров состоит из десяти, иначе она не сможет выразить себя, итого – 70.

Это одно единое эгоистическое желание, разбитое на 12 колен, каждое из которых состоит из определенного количества других желаний. Всего шестьсот тысяч. И они затем разбиваются еще на остальные – на 70 народов, на 70 групп.

Вот таким образом выстраивается высшая душа.

Откуда всё происходит? Поначалу была только микродоза света и микродоза желания. Каким образом они начали взаимодействовать между собой, пока не появилось все мироздание – так же, как из искры высшего света возникла наша Вселенная? Чтобы это понять, надо уже изучать структуру воздействия света на желание.

ИДИТЕ НА ГОРЫ

Будем изучать далеше. В Торе написано:

Вот слова, которые говорил Моше всему Израилю на той стороне Иордана, в пустыне, в степи, против Суфа... – *и так далее.* – **И вот, в сороковом году, в**

одиннадцатом месяце, в первый день месяца, говорил Моше сынам Израиля обо всём, что повелел ему Бог о них.

Вопрос: как может Моше говорить всему Израилю? Что это означает?

Ничего же нет, не надо спускаться на уровень нашего мира. Не надо представлять, что стоит старец с посохом на горе и пиарит свою идею!

Вопрос: как его слышит весь Израиль?

Если миллиарды людей соединены между собой, и они ощущают друг друга, как будто находятся в одном месте – не в одном физическом месте – соединены, слиты, соединяются между собой так, что между ними вообще нет ни расстояний, ни переходов, – тогда они как будто уже находятся в одном физическом месте. И в таком случае можешь обращаться хоть ко всем семи миллиардам.

Что значит «ты обращаешься»? Ты сливаешься с ними, всё, что в тебе есть, переливается в них.

Даже без голоса?

Конечно! Нет вообще никаких атрибутов нашего мира, ничего.

Бог, Всесильный наш, говорил нам у Хорева так: «Полно вам жить у горы этой. Развернитесь, и отправляйтесь в путь, и идите к горам Эмореев…

То есть идите и исправляйте себя. Идите внутренне. «К горам»: гора – от слова «ирурим» – «сомнения, помехи». «Идите к горам» – в пустыню – там, где нет ни воды, ни питья, ни еды, ничего, то есть, когда вы будете духовно истощены. И только ваше соединение даст вам возможность питаться высшей силой, называемой МАН.

А когда говорится, что «полно вам жить у горы этой, идите к другой»?

Да, нечего делать у этой горы Хорев. Вы получили Тору. Свет пришел к вам, он находится в вас. Вы получили высшую энергию? Теперь с ее помощью начинайте исправлять свой эгоизм.

А каждая следующая гора или пустыня, где вы ходите 40 лет, – это всё означает, что вы постепенно раскрываете в себе всё новые и новые эгоистические пустоты, противоречия и их исправляете.

И дальше говорится так:

Ко всем соседям, – *ищите,* – **их в степи, в горах, и на низменности, и на юге, и по берегу моря, в страну Кнаан, и к Ливану – до реки великой, реки Евфрат.**

И дальше:

Смотри, дал Я вам страну эту, идите и овладейте страною, о которой поклялся Бог отцам вашим, Аврааму, Ицхаку и Яакову, дать им и потомству их после них!».

Это он говорит, когда уже должен умереть. Эта ступень, которая называется Моше, которая подготавливает человека к входу в Высший мир, – уже свое отработала. И поэтому Он и говорит: «Сейчас перед тобой находится всё твое желание, которое ты должен освятить, которое ты должен поднять к любви и к общей связи между всеми. И вот оно находится перед тобой», – то, что мы учим из каббалы, – это сама Земля Израиля, Заиорданье, Ливан, Сирия и вплоть до Вавилона, до реки Ефрат.

То есть овладеть этой страной?

Это земли в нашем мире, хотя к нашему миру это отношения не имеет, но это их аллегорические названия. Они в духовном мире означают желания, которые необходимо исправить и поднять до уровня абсолютного единения. Поэтому все они относятся к земле Исраэль, то есть направленные прямо к Творцу.

А остальные – нет. Я хочу сказать, что об остальных землях мира пока не дается никакого указания.

Работа идет только в этих областях, в этих желаниях, а все остальные человеческие желания пока не идут на исправление.

Но остальные человеческие желания существуют при этом?

Да, конечно.

ЭТО – НЕ ЛЮДИ, И ЭТО – НЕ МОШЕ

Дальше сказано очень интересно.

А я сказал вам… «Я» – это говорит Моше.

А я сказал вам в то время так: «Не смогу я один носить вас. Бог, Всесильный ваш, размножил вас, и вот, вы сегодня, как звезды небесные, многочисленны. … Как же мне одному носить заботы ваши, тяготы ваши и распри ваши? Выберите себе людей мудрых, и разумных, и знатных в племенах ваших, и я поставлю их во главе вас». А вы ответили мне и сказали: «Хорошо то, что ты велишь сделать!». И взял я глав племен

ваших, людей мудрых и знатных, и назначил их главами над вами: начальниками тысяч, и начальниками сотен, и начальниками пятидесяти, и начальниками десятков, и надсмотрщиками по племенам вашим.

Это как бы повторяется, мы читали в главе «Итро». Это огромная эгоистическая глыба? Что это?

Да, надо разделять все желания на десятки, десятки, десятки – по пирамиде...

Потому что он сказал: «не смогу я один носить вас»?

Потому что это невозможно исправить никак, таково устройство высшей лестницы. И только таким образом, если собираются все наши желания, то они приходят в итоге к одному единому желанию, которое просто соединяет в себе все частные желания человека и сливается с Творцом.

Вы объясняли в главе «Итро», что это как пирамида.

Да, пирамида, которая собирает в себе все остальные маленькие, мельчайшие желания. Все поднимаются, все они, включаются до самого высшего. Все существуют в самом высшем. В самом высшем желании у них уже возникает контакт с Творцом.

А Моше говорит: «Нет у меня сил носить вас», – отсюда всё начинается.

Потому что это свойство бины. Поэтому он говорит: «Кончили мы это дело», – то есть свойство бины уже кончило работать во всех этих желаниях. И сейчас начинает работать уже следующая сила.

И поэтому надо разделить?

Поэтому Моше кончается. Эта сила бины истощила себя – сила веры, и всё. И сейчас начинается следующий этап, поэтому он умирает, – так сказано аллегорически.

Но это не люди, и это не Моше: имеются в виду внутренние силы исправления человека, когда он соединяется с другими в «возлюби ближнего как себя» и достигает уровня, который называется «Земля Израиля». То есть он готов к тому, чтобы соединиться вместе со всеми. И вот когда входит в Землю, начинает соединение.

Вы все время говорите о Моше, который умирает. Но тут же вспоминается то, что они с ним проходили.

Предыдущие ступени – все они существуют, потому что все они должны подключиться к этой ступени, которая уже сейчас кардинально поднимается на следующий уровень. Происходит накопление всевозможных предыдущих исправлений, как в часах или в каком-то механизме – в счетчике: крутится, крутится – накопилось достаточно, и потом перебрасывается новое число. И вот таким образом они накопили все свои предыдущие исправления, и сейчас у них следующее исправление – оно уже другое. Оно должно быть не ради отдачи, а ради получения.

Поэтому вспоминается то, что они прошли?

Да. А сейчас заканчивается весь этап, весь расчет предварительного исправления души, и она начинает уже работать на другом уровне, который называется «Земля Израиля».

Эти воспоминания – что они дают? Он говорит: мы прошли это, мы прошли это…

Очень часто в Торе есть воспоминания: возвращаются снова и снова. Потому что каждая ступень, отработав себя всю, должна вернуться, как бы вспомнить себя, проявить себя снова, сделать на всю себя общее исправление и перейти к следующей ступени.

Это то, что сейчас происходит?

Да. И так уже не раз было в прошлом. Просто сейчас этот переход кардинальный, то есть меняется вообще парадигма исправления.

ЦАРСКИЕ «ПРИВИЛЕГИИ»

Дальше написано так:

И повелел я судьям вашим в то время, сказав: «Выслушивайте братьев ваших и судите справедливо каждого с братом его и с пришельцем его. Не давайте никому предпочтения: как малого, так и великого выслушивайте; не бойтесь никого, ибо суд – в руках Всесильного.»

Тут очень интересно: «не давайте никому предпочтения». То есть, с одной стороны, были выбраны десятники, тысячники, сотники…

Это значит предпочтение? Наоборот! Никто не хочет быть таким! Это же огромная работа!

Это сегодня рвутся, да?

Сегодня рвутся, потому что там кормушка! А тогда не было ничего!

Мы думаем, что были какие-то привилегии у Соломона или Давида – у царей? Ничего не было! Абсолютно!

Была такая регламентация для царя: когда вставать, когда ложиться, когда и что делать. Он с утра до вечера был просто целиком и полностью занят делами, которые обязан был выполнять, которые были ему предписаны как царю в соответствии с духовной ступенью, и с низшей – материальной ступенью как царя. Это огромная задача!

Даже у десятника или сотника в каком-то колене, у всех левитов, коэнов – это была работа! Причем очень серьезная и ответственная работа.

Смотри, до чего это доходит: если коэн а-гадоль (самый большой коэн) неправильно выполняет свою работу, то он погибает в Йом Кипур. И ничего сделать нельзя! К его ноге заранее привязывают веревку, и он в Йом Кипур находится на своем месте, молится, и к концу дня, когда он должен выходить из своей молельни,– если он не выходит, то его за веревку вытаскивают.

За ногу?

За ногу, да. Вытаскивают мертвого. Вот тебе и всё. Невыполнение или неправильное выполнение своей обязанности.

Давид а-мелах (царь Давид) плакал и говорил: «Я не хочу быть царем. Я должен сидеть с утра до вечера, принимать людей, которые жалуются». Обязан!

Незавидная должность, вообще-то. Это не соколиная охота, не балы какие-нибудь.

Это постоянная работа «для». Для людей, в принципе? И связь с Всевышним – почему? Потому что

написано: «Не бойтесь никого, ибо суд в руках Всесильного»?

Да.

«А дело, которое будет слишком трудно для вас, оставьте мне, и я выслушаю его» – говорит Моше. То есть он все-таки оставляет себе?

Нет, это все регламентировано. Это не то, что им хочется или не хочется, он такой добрый или нет. Потому что в соответствии со структурой Высшего мира у каждого есть свое предназначение, исполнение, должность! И тут нет вообще никаких сомнений: «Это я сделаю не сегодня, а потом, а это потом сделает кто-то другой».

Потому что в интегральной системе, когда всё связано вместе, не остается вообще никакой возможности делать не сейчас или потом, или сейчас, или после него, или до него, не существуют какие-то разногласия, какие-то недомолвки, какие-то сомнения! Система есть перед тобой, ты обязан!

Но зато благодаря этой четкости, когда они видят эту систему и себя ставят в соответствие с ней, они начинают чувствовать ту силу, ту бесконечность, то совершенство, которое наполняет эту систему. И уже соединяются с высшим светом, с наполнением.

То есть через выполнение ты начинаешь ощущать, что это наполнение тебе дает. Это так же, как и в нашем мире: если я играю на каком-то инструменте, я при этом вхожу в ощущение в результате своей работы на нем.

То есть они точно понимают, что им по силам, а что им не по силам в этой интегральной системе, каждой десятке, сотне, тысяче?

Нет такого понятия «не по силам», ты обязан выполнить свое. Потому что и перед тобой выполняли, и после тебя будут выполнять, и ты обязан.

Иначе ты остановишь всю систему.

Он говорит:

«А дело, которое будет слишком трудно для вас, оставьте мне, и я выслушаю его».

Потому что общее свойство бины именно слух.

Свойство Моше?

Да. То есть если какая-то частная душа не может выполнить свою задачу, то Моше это выполняет, потому что все исправления, которые сейчас должны заканчиваться, они должны заканчиваться на его уровне – свойстве бины. Он за это отвечает.

А затем, после того, как всё исправляется, они входят в новую систему, на новую ступень, – там уже начинается исправление с помощью хохма.

И это как раз переход в Эрец Исраэль?

Да.

ВЕЛИКАЯ И СТРАШНАЯ ПУСТЫНЯ

Дальше написано так:

И двинулись мы от Хорева, и прошли всю ту пустыню великую и страшную, которую вы видели, по пути к горам эмореев.

Всего-то пустыня – пару дней перехода! Что там есть?!

И при этом 40 лет ходили по пустыни! То есть понятно нам, о чем говорится, что это совсем другие ступени.

Что тогда в данном случае «великая и страшная пустыня»?

Это возвышение каждым и всеми вместе над своим эгоизмом в свойстве отдачи, полной отдачи, – не любви, а в свойстве полнейшей отдачи.

Вы добавили сейчас: «Не любви».

Потому что любовь – это в Земле Израиля. Там она проявляется.

Поэтому она великая и страшная, что ты практически всё время поднимаешься над своим эгоизмом?

Это резать по живому, конечно. Но всё зависит от взаимного поручительства: если это делается вместе, то это не страшно.

Великую и страшную пустыню, которую вы видели, по пути к горам эмореев, как повелел нам Бог, Всесильный наш, и пришли мы к Кадеш-Барнеа. И сказал я вам: «Дошли вы до гор эмореев…»

Эти места и сегодня мы знаем, где находятся, если мы хотим это изобразить географически.

И сказал я вам: «Дошли вы до гор эмореев, которые Бог, Всесильный наш, дает нам. …Не бойся и не страшись!» Но подошли ко мне все вы и сказали: «Пошлем людей перед собой, чтобы разведали они нам страну и рассказали нам о дороге, по которой нам идти, и о городах, к которым нам идти». И

понравилось мне слово это, И взял я из вас двенадцать человек, по одному человеку от колена.

Они хотят выслать вперед разведчиков. Почему не идти туда с закрытыми глазами?

Никак нельзя! Нет! В духовном ты не идешь с закрытыми глазами! В духовном «ты идешь с закрытыми глазами», когда ты четко знаешь, что ты идешь с закрытыми глазами! А для того, чтобы четко закрыть глаза, ты должен знать, на что ты закрываешь глаза.

То есть знание необходимо?

Конечно!

Сейчас они и испугаются.

Конечно. Вот я иду, я знаю, что передо мной пропасть, и я иду как будто над этой пропастью, но я знаю, что передо мной пропасть! А иначе это просто неизвестность. А здесь не неизвестность, здесь именно необходимо послать разведчиков.

И чтобы они тебе наговорили жуткие вещи. И ты, вопреки этому, уже идешь тогда на завоевание этой земли, этого состояния, этих желаний.

Поэтому «понравилось слово», что он хочет, чтобы все услышали, как там страшно?

Нет, сейчас пока ничего: его действия сейчас кажутся им еще благоразумными, они еще не до конца исправились, им еще необходимо преодолеть это условие абсолютной веры – закрыть глаза. Но эти «закрытые глаза» – это не то, что нам кажется. У нас это – просто незнание, а там – наоборот, это огромное знание того, на что я иду…

Я знаю, что на это нельзя идти!

И я на это иду! Потому что мне необходимо добиться связи с Творцом, чтобы Его сила перешла ко мне! И поэтому я специально, понимая, на что я иду, все равно иду, чтобы Он помог мне. А иначе я Его не смогу привлечь, притянуть к себе. Это… это бой!

Такой бой с собой?

Да! А иначе я не смогу вознуждаться в Нем, я не смогу Его ухватить, я не смогу Его вынудить помочь мне. Только таким образом, когда я буду знать, что впереди неизбежная смерть, невозможность ничего сделать, с одной стороны, а с другой стороны, Его прямое указание.

Вообще весь путь такой.

Да тяжело.

И ныряя в Конечное море, которое они проходят. Весь путь такой!

Всегда верой выше знания.

Вспомним, что написано в «Большом комментарии»: Когда Творец сообщил Моше, что тот умрет сразу после битвы с Мидианом, Моше попросил: «Позволь мне перед кончиной повторить евреям Тору с самого начала! Я хочу разъяснить им все трудные места и детали законов Торы».[43]

Потому что это совсем другая работа. Когда они начинали движение, и когда человек начинает изучать – что он понимает? Куда он вошел и что он делает – ничего

---

43   «Мидраш рассказывает», «Дварим».

нельзя понять. Он сначала должен пройти весь материал до конца, каким-то образом его в себе последовательно осмыслить.

То есть он идет за лидером?

Да. И когда уже достигает определенных высот, человек может начинать осознавать: какие этапы пути он прошел; как это все сказалось в нем, соединилось вместе в одно единое целое; почему в нем изменилось самое главное – восприятие реальности; где этот мир, где Высший мир и так далее.

Самое главное – это восприятие: как я воспринимаю мир. И мир кажется совсем другим. Постепенно.

А затем каждый раз, когда он проходит этапы, наступает суммарное, ударное преобразование восприятия. Он вдруг как бы раскрывается! Вот идет, идет, ползет, как на какую-то гору, дополз и – бум! – раскрывается перед ним новый этап с высоты этой горы, на которую он взошел.

И следующая гора, и следующая, и так далее.

Поэтому существуют большие промежутки времени, как перегон в поезде, от полустанка до полустанка там большие перегоны.

И потом приходит к состоянию, когда начинает осознавать, что прошел. До этого – в пути – ничего не осознается. Просто нужно идти верой выше знания, то есть, ничего не видя, не осознавая, не понимая, перетирая в себе эти основы восприятия, основы ощущения.

И снова постижение.

И потому это не просто повторение Торы, повторение пути. Сейчас, когда они заканчивают свой путь, это совсем другая глава. Последняя глава Торы «Дварим» – это совсем другие обстоятельства.

ГЛАВА «ДВАРИМ»

Совсем другая Земля Израиля?

Человек собирает сейчас в себе все свои исправления, все свои ощущения и уже вступает в окончательный этап, в последнюю подготовку перед входом в землю.

Вы говорите, это новый уровень перед входом в эрец Исраэль? Осознание пройденного пути?

Да.

В ПОИСК ОПАСНЫЙ УХОДИТ РАЗВЕДКА

Я буду вслед за Моше зачитывать. Даже если это повторение, то уже на новом уровне. Народ стоит – они выходят на финиш. Вход в Эрец Исраэль.

И говорится, что они пришли к Кадеш Барнеа.

/20/ И СКАЗАЛ Я ВАМ: «ДОШЛИ ВЫ ДО ГОР ЭМОРЕЕВ, КОТОРЫЕ БОГ, ВСЕСИЛЬНЫЙ НАШ, ДАЕТ НАМ. ... НЕ БОЙСЯ И НЕ СТРАШИСЬ!». /22/ НО ПОДОШЛИ КО МНЕ ВСЕ ВЫ И СКАЗАЛИ: «ПОШЛЕМ ЛЮДЕЙ ПЕРЕД СОБОЙ, ЧТОБЫ РАЗВЕДАЛИ ОНИ НАМ СТРАНУ И РАССКАЗАЛИ НАМ О ДОРОГЕ, ПО КОТОРОЙ НАМ ИДТИ, И О ГОРОДАХ, К КОТОРЫМ НАМ ИДТИ». /23/ И ПОНРАВИЛОСЬ МНЕ СЛОВО ЭТО ...

И они разведали:

/24/ И ОТПРАВИЛИСЬ ОНИ, И ПОДНЯЛИСЬ В ГОРЫ, И ДОШЛИ ДО долины ПОТОКА ЭШКОЛЬ, И РАЗВЕДАЛИ ЕЕ. /25/ И ВЗЯЛИ ОНИ В РУКИ СВОИ ИЗ ПЛОДОВ ТОЙ СТРАНЫ, И СНЕСЛИ К НАМ, И РАССКАЗАЛИ НАМ, И

СКАЗАЛИ: «ХОРОША СТРАНА, КОТОРУЮ БОГ, ВСЕСИЛЬНЫЙ НАШ, ДАЕТ НАМ!». /26/ НО ВЫ НЕ ЗАХОТЕЛИ ПОДНЯТЬСЯ, И ВОСПРОТИВИЛИСЬ ПОВЕЛЕНИЮ БОГА, ВСЕСИЛЬНОГО ВАШЕГО.

Потому что надо менять свое намерение! Ведь то, что находится за границами земли Израиля и внутри земли Израиля – это значит желание, с которым ты работаешь ради себя, когда ты стоишь вокруг ее границ, и желание, с которым ты работаешь от себя, для других.

То есть войти в землю – это значит поменять всю свою ориентацию.

Интересно, что Моше, вспоминая, не говорит, что «они сказали, что там гиганты». Просто он сказал: «Но вы не захотели подняться», – несмотря на то, что разведчики пришли и сказали, что там замечательная страна, Бог дает нам потрясающую землю... Но дальше:

/27/ И ВОЗРОПТАЛИ ВЫ В ШАТРАХ ВАШИХ, И СКАЗАЛИ: «ПО НЕНАВИСТИ БОГА К НАМ ВЫВЕЛ ОН НАС ИЗ СТРАНЫ ЕГИПЕТСКОЙ, ЧТОБЫ ПРЕДАТЬ НАС В РУКИ ЭМОРЕЕВ НА ИСТРЕБЛЕНИЕ! /28/ КУДА ПОДНИМАТЬСЯ НАМ?

Что мы чувствуем, когда занимаемся каббалой? Что нам надо сейчас подняться на свойство отдачи, выйти из себя, скинуть свою эгоистическую шкуру, быть вообще принадлежащим окружающему пространству, миру.

Есть ощущение, что это великая страна!

Это не важно! Но что ты должен делать с собой, чтобы быть в таком состоянии?! Вот в чем проблема!

И естественно, человек не в состоянии это сделать.

Это всё предстоит любому человеку, который хочет достичь духовного состояния, духовной ступени.

Перед проходом на первую духовную ступень? Ощущение, что это великая страна, и в то же время страх сделать этот шаг?

Да. Это очень серьезные вещи. Причем они ведь уже готовы к этому. Они ведь уже дошли до уровня бины, а сейчас они должны от бины подняться в кетэр. То есть они уже должны начинать свой эгоизм перерабатывать на отдачу – получение ради отдачи. Отдачу ради отдачи они зарабатывают в течение сорокалетнего путешествия по Синаю, и это уже у них есть.

Сейчас они находятся в состоянии «отдача ради отдачи» и должны войти в состояние, которое называется «Земля Израиля» – «получение ради отдачи».

Это изменение отношения ко всему – к себе и к окружающему миру. Что с этим делать? У них проблема. И поэтому здесь как бы народ стоит и возмущается (то есть все свойства в человеке).

Человек – это маленький мир. Нам надо понимать, что это относится к одному человеку.

Человек стоит и возмущается – как ему войти на эту ступень?! Невозможно это сделать. Это не «отдача ради отдачи» – состояние, в общем-то, более-менее спокойное: я ничего никому не отдаю, я не работаю против своей природы, я просто выхожу из нее, приподнимаюсь над ней.

Этого они достигли?

Да.

Приподнимаюсь над своей природой – над всеми своими эгоистическими уровнями приподнимаюсь.

Меня заставляют и страдания по дороге, потому что чем больше страданий, тем меньше я хочу. Я от этого страдаю – я не буду это брать. Я от этого страдаю – я от этого отойду. Я от этого страдаю – я не буду этим заниматься. И так далее. То есть мой эгоизм как бы мне помогает избавляться от него самого.

То есть по дороге я оторвался от тела?

Да. Следующие этапы, более отвлеченные от эгоизма, тонкие. Но для нас пока достаточно этого.

То есть даже сам эгоизм подталкивает меня к свойству бины: «Что тебе *стоит* ничего не хотеть? Меньше хочешь – меньше проблем». Меньше знаешь – лучше спишь, как говорится.

А здесь уже инверсный поворот. Ты должен начинать воспринимать окружающее совершенно по-другому.

То есть тут призыв к действию?

К действию, когда ты должен себя полностью аннулировать, не просто приподняться над собой от малхут до свойства бины.

Перестать использовать малхут, свое желание, и быть выше его во всем – это и есть свойство бины, когда я практически ничего не хочу. Светленький такой человечек, маленький.

А здесь, наоборот, ты должен теперь со свойства бины опускаться снова в малхут, в свои эгоистические желания, брать с их помощью всё от мира, что можно, для того чтобы передать другим, для того чтобы свои эгоистические желания преобразовать в добро для других.

Я имею здесь дело с инверсным использованием своего же зла, с переводом его на добро, когда я абсолютно не понимаю ни вероятности этого переворота, ни вознаграждения, ни его результата – не ощущаю ничего.

И сейчас они стоят перед входом на такую ступень. Они – это желания человека. Весь народ – это желания человека, который входит на новую ступень. Когда они стоят перед ней, то естественно, все желания восстают.

ОТПУСКАЙ ВЕТКУ. Я ПОМОГУ ТЕБЕ

Эти желания уже стоят на уровне бины?

Да. Они, ни в коем случае, не желают нового шага. Когда все эти желания были в эгоистическом состоянии, то им казалось достичь той обетованной земли – это хорошо. Здесь мы получаем ради себя, там мы получаем ради других. Но ради других или ради себя – это всё затушевано.

Когда я работаю со своим эгоизмом, я понимаю, что делать. А здесь я прохожу такие этапы, когда полностью отключаюсь от своего эгоизма и должен теперь снова его возвращать ради того, чтобы работать «на дядю», на других. Причем, на кого? На самых отвратительных, на самых противных, на самых ненавистных мне! Это не люди...

Желания, которые я не хотел использовать?

Да. То есть как бы действуешь во вред себе, во всем во вред себе.

Этому надо учиться. Это, правда, еще не перед нами. Этот этап не является таким актуальным для нас ни в учебе, ни в действии. Это невозможно понять, пока ты не достигнешь такого этапа, когда стоишь перед этим.

Пока не достигнешь уровня бины?

Да. И этому именно и учат их разведчики.

Моше рассказывает:

/28/ …БРАТЬЯ НАШИ ВНЕСЛИ СТРАХ В СЕРДЦА НАШИ, СКАЗАВ: «НАРОД МНОГОЧИСЛЕННЕЕ И ВЫШЕ НАС, ГОРОДА БОЛЬШИЕ И УКРЕПЛЕННЫЕ ДО НЕБЕС, А ТАКЖЕ ВЕЛИКАНОВ ВИДЕЛИ МЫ ТАМ». /29/ И СКАЗАЛ Я ВАМ: «НЕ СТРАШИТЕСЬ И НЕ БОЙТЕСЬ ИХ! /30/ БОГ, ВСЕСИЛЬНЫЙ ВАШ, ИДУЩИЙ ПЕРЕД ВАМИ, ОН СРАЖАТЬСЯ БУДЕТ ЗА ВАС»…

/32/ И В ЭТОМ ДЕЛЕ ВЫ НЕ ВЕРИТЕ БОГУ, ВСЕСИЛЬНОМУ ВАШЕМУ.

Что значит «не верите»? Это надо полностью отдать себя в руки высшей силе, то есть в руки общества, в котором ты находишься, упасть на их руки – мы не знаем, что это такое, – и полностью отдать себя им. Это крайнее состояние.

Ты когда-то рассказывал: отпусти веточку и все будет хорошо.

Да, был такой анекдот хороший. А вы сказали, что это – реальность.

Да. Там человек висит на скале. ***Держится за ветку.*** И просит Творца, чтобы помог ему.

Ветка начинает ломаться.

Да. Но он держится!

Это единственное, за что он может держаться. Ну и дальше?

И он молится, чтобы помог ему Творец!

Потому что уже не к кому обратиться.

И вдруг раздается голос: «Я помогу тебе». И он рад! И тогда голос продолжает: «Отпускай ветку».

И он так молчит-молчит и кричит: «А есть там еще кто-нибудь?»

Да. В этой точке и происходит состояние, о котором он говорит.

Что надо отпустить ветку? Что Творец идет с нами?

Да. А это невозможно!

Видите, вы их оправдываете, что они не могут по-другому поступить.

Конечно! Поэтому и описываются все эти состояния!

Дальше он говорит:

/32/ И В ЭТОМ ДЕЛЕ ВЫ НЕ ВЕРИТЕ БОГУ, ВСЕСИЛЬНОМУ ВАШЕМУ, /33/ КОТОРЫЙ ИДЕТ ПЕРЕД ВАМИ ПО ПУТИ, ЧТОБЫ ВЫСМОТРЕТЬ ВАМ МЕСТО ДЛЯ СТОЯНКИ ВАШЕЙ – В ОГНЕ НОЧЬЮ, ЧТОБЫ УКАЗЫВАТЬ ВАМ ДОРОГУ, ПО КОТОРОЙ ВАМ ИДТИ, И В ОБЛАКЕ ДНЕМ!?»

То есть вы Его не слышите. И дальше:

/34/ И УСЛЫШАЛ БОГ ЗВУК РЕЧЕЙ ВАШИХ, И РАЗГНЕВАЛСЯ, И ПОКЛЯЛСЯ, СКАЗАВ: /35/ «НИКТО ИЗ ЛЮДЕЙ ЭТИХ, ИЗ ПОКОЛЕНИЯ ЭТОГО ЗЛОГО НЕ

УВИДИТ ХОРОШЕЙ СТРАНЫ, КОТОРУЮ ПОКЛЯЛСЯ Я ДАТЬ ОТЦАМ ВАШИМ! /36/ ТОЛЬКО КАЛЕВ, СЫН ЙЕФУНЭ, – ОН УВИДИТ ЕЕ, И ЕМУ ДАМ Я ЗЕМЛЮ, ПО КОТОРОЙ СТУПАЛ ОН, И СЫНАМ ЕГО, ЗА ТО, ЧТО ОН ИСПОЛНЯЛ ВОЛЮ БОГА».

Напомним, что он вернулся, он сказал: «Не верьте разведчикам, я тоже там был, надо идти за Творцом, и мы пройдем в эту страну».

То есть у него есть такое свойство, глядя из которого, он может сказать, что можно исправить состояние.

И в нас есть эта точка, которая называется Калев, сын Йефунэ?

Конечно, есть. Одна! Против всех остальных.

И она говорит, что надо идти в страну.

А иначе невозможно было бы. Но это только одна точка. Теперь все-таки что делать?

На вопрос «что делать?» не знаю, что вам сказать, но вот дальше пишется так:

/37/ ТАКЖЕ И НА МЕНЯ ПРОГНЕВАЛСЯ БОГ ИЗ-ЗА ВАС, СКАЗАВ: «ТЫ ТОЖЕ НЕ ВОЙДЕШЬ ТУДА!»

Он-то в чем виноват вообще? Он идет все время за Творцом.

Нет! Потому что это свойство не может войти!

Моше?

Да. Оно начинает уже работать по-другому. Смотри, когда они выскочили из Египта, побежали, – они побежали, потому что впереди шел Моше. Когда они дошли до

Конечного моря, то единственное свойство, которое в них сыграло, это был Нахшон.

Нахшон прыгнул в море.

Да, сын Аминадава. И каждый раз проявляется в тебе один предводитель, одно свойство из человека, которое может идти вперед, которое может быть каким-то мостиком. Но это мостик, который тоже отрывается от всех остальных и, вопреки им, входит на следующую ступень. И так далее. Всегда так.

ПОКОЛЕНИЕ УМИРАЕТ

То есть эти искры в нас существуют все время?

Да. И когда Моше на горе, а они там внизу делают со своим эгоизмом **золотого тельца.** То есть каждый раз это только лишь одно свойство в человеке, с помощью которого он может оторваться, подняться выше себя. И не здравым смыслом, а только лишь вот таким вот отторжением от всех своих общих свойств – от народа, что называется, своего – и подтянуться к Творцу. И всегда проблема у него со своим народом – своими свойствами, и только лишь для того, чтоб предпочесть это свойство, называемое Моше (от слова «лимшох» – вытаскивать себя из эгоизма).

А сейчас мы подходим к состоянию, когда уже нет этого свойства – Моше. Тут уже Иешуа должен быть впереди, следующая ступень за Моше. И Калев, и так далее.

Пишется дальше:

/37/ ТАКЖЕ И НА МЕНЯ ПРОГНЕВАЛСЯ БОГ ИЗ-ЗА ВАС, СКАЗАВ: «ТЫ ТОЖЕ НЕ ВОЙДЕШЬ ТУДА! /38/ ЙЕОШУА, СЫН НУНА, СТОЯЩИЙ ПЕРЕД ТОБОЙ, – ОН ВОЙДЕТ ТУДА, ЕГО УТВЕРДИ, ИБО ОН ПЕРЕДАСТ ЕЕ ВО ВЛАДЕНИЕ ИЗРАИЛЮ. /39/ НО ДЕТИ ВАШИ, О КОТОРЫХ ВЫ ГОВОРИЛИ, ЧТО ДОБЫЧЕЙ СТАНУТ ОНИ, И СЫНОВЬЯ ВАШИ, КОТОРЫЕ НЕ ОТЛИЧАЮТ СЕГОДНЯ ДОБРА ОТ ЗЛА, – ОНИ ВОЙДУТ ТУДА, И ИМ ДАМ Я ЕЕ, И ОНИ ОВЛАДЕЮТ ЕЮ.

Поколение умирает полностью: те свойства, с которыми человек начинает свой духовный путь – с получения Торы (то есть с начала своего духовного пути) и до достижения свойства бины, перед входом в землю Израиля – все эти свойства он отработал. Сейчас они все должны получать совершенно новый облик – получение ради отдачи – и поэтому считается, что поколение умирает.

Я задам еще вопрос: что такое для ученика и учителя это преодоление пути до горы Синай, от горы Синай дальше до бины, и дальше как бы вымирание полное и выход на следующий уровень? Что это для ученика «относительно учителя»?

Все большая и большая отмена себя.

Это движение к бине?

Да. Понимание, что все, что ты раньше считал, что делал правильно, – это все абсолютно не верно. Всегда, на разных ступенях – на низшей и высшей. Это все большее и большее предпочтение учителя в его новом виде, который сейчас только начинает раскрываться ученику, а раньше он этого не понимал и не чувствовал. Он не мог оценить своего учителя, это естественно. И так вот идет вперед. «Коль а-посель бэ мумо посель», то есть каждый отрицающий высшего, отрицает, потому что он низший.

А что ж тогда этот бунт по отношению к учителю?

Это естественно! Они не могут согласиться с тем, что сейчас им предлагают. Не могут!

В таком случае учитель умирает. Он умирает физически в нашем мире именно поэтому. И он умирает духовно, на духовных ступенях – для ученика. На духовных мы можем понять. Как только ученик перестает пользоваться учителем как высшим, как ведущим вперед, то учитель, этот человек, для него умирает. Умирает – в смысле, что он перестает быть ведущим. Это в духовном виде. А в физическом виде то же самое: если ученики не нуждаются больше в учителе, то ему нечего делать в этом мире.

То есть учитель существует исключительно для учеников?

Конечно! А как же?! Любая ступень существует для нижестоящих.

То есть другого понимания жизни для себя не существует?

Нет. А в чем? Себя кормить? Мы же говорим о духовном.

Вы тут же это связываете еще и с материальным, я поэтому настаиваю.

Да, и в материальном нет ему смысла в этом мире.

Вы даете такую очень прямую связку? То есть не для чего жить тогда?

Абсолютно четко! Я не обвиняю в этом учеников относительно учителя, но это обстоятельство несомненно и естественно! Оно идет свыше, словно завеса такая, когда им кажется, что они могут еще даже лучше существовать без учителя, то есть нет никакого проку в нем. Они уже получили, что надо, они разобрались уже во всех делах, теперь они знают, как идти дальше. Он даже в чем-то их тормозит, отвлекает. Это то, что происходит всегда.

Или они, как здесь, не хотят идти дальше за ним?

Это то же самое – не хотят идти, да. Он, как им кажется, уже всё отдал им. То есть они уже не различают в нем следующих ступеней и следующих возможностей, и поэтому всё заканчивается.

А что же тогда означают эти вымирания поколения для учеников?

Если они поднимаются на следующую ступень, тогда действительно должны пройти состояния, когда все прежние желания, в каком бы они исправлении ни были, должны сейчас отмереть, то есть принять на себя новый уровень – получение ради отдачи.

Дети – это их следующие ступени? То есть они должны решиться на это?

Конечно! Это все приходит постепенно. Я надеюсь, что все это поймут, узнают, почувствуют, пройдут на себе, и мы войдем в землю Израиля.

Вот не хочется – постепенно. А можно – не постепенно? Я понимаю про перескакивание ступеней. Но какое-то решение должно же быть, чтобы учиться на

прошлом? Ведь мы же все-таки учимся на прошлом, чтобы не вымирало поколение.

Мы не учимся на прошлом.

Нам просто рассказывают об этом. Мы ни на чем не можем учиться. Нет такого. Мы все равно будем пренебрегать, мы все равно будем бастовать против Моше, который нас ведет. Это все равно будет повторяться и повторяться в каждом человеке.

А у вас были внутренние восстания против вашего учителя?

Конечно. Без этого нельзя двигаться. Он так и говорил, что «я тебя понимаю, что все твои несчастья в жизни происходят из-за меня».

Высший это понимает. А потом он должен действовать уже ради низшего: или он его наказывает с болью в сердце, как мы маленьких детей наказываем, или он ждет.

Пока тот подрастет?

Да. Называется страдание воспитателя относительно маленьких детей.

Будем двигаться вслед за учителем!

Двигаться и сами проходить эти состояния!

ПЕРЕД СМЕРТЬЮ. ОГЛЯДЫВАЯСЬ НАЗАД

В главе «Дварим» Моше собирает перед своей смертью народ и рассказывает снова о пути, который они прошли.

Моше попросил: «Позволь мне перед кончиной повторить евреям Тору с самого начала! Я хочу разъяснить им все трудные места и детали законов Торы».[44]

Это написано в Мидраше, то есть в устной Торе.

Вся Тора предназначена для того, чтобы исправить эгоизм человека.

Здесь возможны какие-то непонимания, неточности, проблемы в пути, когда сталкиваешься с различными проявлениями относительно себя, относительно общества. Поэтому необходимо еще и еще раз дать человеку четкое наставление, чтобы он правильно работал и двигался вперед.

Это происходит перед тем, что Моше уже знает, что он не войдет в Землю Израиля.

Он не может войти. Потому что не с его силой, не с его свойством (это свойство абсолютной отдачи) можно войти в землю Израиля. Потому что туда входишь для того, чтобы воевать за эту землю, завоевывать ее, а Моше находится не на этом уровне, он находится на уровне чистой бины. И поэтому вся его работа заканчивается именно на этом отрезке от получения Торы и до ее освоения.

---

44 «Большой комментарий», недельная глава «Дварим».

Первый период освоения Торы они прошли в течение сорока лет адаптации ее внутри себя. И за это время они все умирают, в них умирает весь эгоизм, с которым они вышли из Египта, то есть исправляется полностью на отдачу. И теперь они должны с этим свойством отдачи начать работать еще, чтобы не просто приподняться над эгоизмом (это называется «быть сорок лет в пустыне»: приподниматься над всеми эгоистическими желаниями). Теперь они должны начать преобразовывать все эти эгоистические желания на альтруистические. Это так же, как боронование, когда ты перепахиваешь землю, когда ты ее переворачиваешь, только тогда она становится готовой для того, чтобы в ней проросли семена, выросло дерево.

То есть Моше для вспашки не подходит?

Он не готов. Это не в его силах. Это уже применение к более низкому эгоистическому свойству – к Земле Израиля, которая не является еще Землей Израиля. Она будет Землей Израиля, когда ее завоюют! А сейчас она земля семи народов, которые в ней существуют.

Объясните немного весь предыдущий путь Моше. Здесь говорилось о разведчиках, которых послали в будущую Землю Израиля, они увидели там великанов и сказали: «Туда идти нельзя, но земля очень красивая».

И дальше говорится так:

Но дети ваши, о которых вы говорили, что добычей станут они, и сыновья ваши, которые не отличают еще сегодня добра от зла, – они войдут туда, и им дам Я ее, – говорит Творец, – **и они овладеют ею. А вы**

развернитесь и отправляйтесь в пустыню, по пути к морю Суф».

То есть, я вас отправляю на сорок лет. Вот такое начало. То есть здесь говорится, что «дети, которые войдут». Всё-таки дети – это же поколение? Это меня всегда смущало.

Почему?

Они же родились во время прохода по пустыне. Это то же поколение или нет?

Нет, неважно. Они родились во время прохода. Они не были в подчинении египетском! Они не были под своим эгоизмом! Они боролись с ним! То есть те свойства, которые уже родились из исправления эгоизма на альтруизм, те свойства уже готовы войти в землю Израиля и дальше работать с эгоизмом на перепахивание его. А те, которые были под эгоистическим рабством фараона, они все время и кричат: «Давайте вернемся в Египет!».

До тех пор, пока ты их не исправляешь полностью, они все равно кричат: «Давайте вернемся в Египет!». И поэтому они и должны умереть.

Именно они говорили: «А дети наши станут добычей этих великанов!»?

Да.

Он говорит: «Вот дети войдут, а вы не войдете».

И никакой добычей не станут, потому что дети уже будут выше этих великанов, выше этой эгоистической мощи, которая раскрывается в Земле Израиля. Это следующий этап, когда после подъема в бину начинаешь работать с малхут – с общим огромным эгоизмом, и это, конечно, великаны!

То есть дети смогут вспахать эту землю?

Да.

Дальше говорится:

И отвечали вы, и сказали мне: «Согрешили мы пред Богом! Мы пойдем и будем сражаться, как повелел нам Бог, Всесильный наш». И взяли вы каждый оружие свое, и дерзнули подняться в горы. Но Бог сказал мне: «Скажи им: "Не поднимайтесь и не сражайтесь, ибо нет Меня среди вас, дабы не были вы побеждены врагами вашими"». И я говорил вам, но вы не послушали, и не исполнили повеление Бога, и дерзнули подняться в горы.

То есть вы не были достаточно исправлены, чтобы работать, воевать с вашим внутренним эгоизмом. Я вас предупреждал. А вы все равно решили, что надо обгонять время.

Но они же сказали: «Мы действительно прегрешили перед Богом, и сейчас мы пойдем и исправим свой грех». А Бог сказал: «Меня нет среди вас».

Никуда не денешься, законы природы неотменимы. Бог – это не какая-то марионетка или капризная женщина, или желание, – это четкие природные законы! Выполняешь – идет на жизнь, не выполняешь – идет на смерть. Вот и всё.

То есть здесь тоже грех был в том, что мы сказали: «Мы сейчас пойдем туда и сделаем? – Мы понимаем, что мы грешны, и мы пойдем, сделаем»?

Это очень интересные вещи! Соглядатаи пошли в Землю рассматривать ее. Он послал туда разведчиков. Разведчики увидели огромные плоды земли. Он послал туда самых мудрых людей.

Они пошли, и что они увидели? Они увидели такие плоды, которые приносит земля! А почему земля приносит такие плоды? Там же нет еще народа Израиля. Там живут совсем другие народы. Они получают от этой земли такие плоды?!

Наверное, да.

Как это «да»? Как они могут извлечь из эгоизма, не обладая свойством отдачи, такие плоды?

Там говорится, что двое несут огромную гроздь винограда…

Правильно. Кто несет? Народ Израиля, который вошел туда. Разведчики увидели эти плоды! Они их принесли обратно!

Они работали с этим эгоизмом! Они обнаружили, что с помощью этого эгоизма мы можем достичь таких плодов, таких духовных высот! Поэтому они и говорят: «Если мы окунемся в эту землю, если мы войдем в нее, возьмем немножко из этого эгоизма изнутри, поднимем его наружу, то получатся огромные плоды! И эта земля особая!» То есть это желание.

Что значит Земля Израиля? Есть желание: нулевое, первое, второе, третье. И четвертое – самое основное, базисное, самое тяжелое, самое эгоистическое.

Они прошли по всем. Народ, исходя из Вавилона, прошел через нулевое, первое, второе и третье состояния, как бы оприходовал в себе, исправил в себе эти четыре уровня: ноль, один, два, три.

И ВЕРНУЛИСЬ ВЫ, И ПЛАКАЛИ ПРЕД БОГОМ

То есть эгоистическое желание росло от нуля, дальше – первое, второе, третье? И они их перерабатывали?

Да. В истории и в эволюции эгоизм постоянно растет. Они прошли эти состояния. Теперь они входят в Землю Израиля, последнее четвертое эгоистическое состояние – страшнейшее! И поэтому разведчики, которые прошли все предыдущие состояния, уровни, все четыре предыдущих уровня и входят в пятый уровень, приносят наверх эти плоды и показывают всем, и говорят: «Смотрите, что там можно добыть!». Но при условии, – естественно, все это понимают, – что мы эти плоды добудем с помощью очень серьезной борьбы с теми огромными желаниями, которые находятся на этом уровне.

Которые называются «великаны»?

Эгоистические желания. Великаны, семь народов, которые там живут, существуют якобы, и всё это – аллегорически объясняется.

«Вот на этом уровне мы должны с вами работать. Согласны или нет?» Половина из народа, может быть, кричит: «Нет, нет! Зачем?! Нам и тут хорошо! Мы подождем». Как обычно. А половина, по крайней мере, говорит: «Нет, мы пойдем, во что бы то ни стало!». И поэтому

Моше, то есть та сила, которая ведет, практически является представителем Творца в них, как бы говорит Творцу аллегорически, что «я должен снова объяснить им Тору».

Это уже совсем другая Тора – подготовка. Это компиляция, можно сказать. То есть итог всего предыдущего пути и понимание того, что происходит. И изложение в том виде, в котором необходимо людям, человеку, чтобы он начал работать со своим конечным эгоизмом. Окончательным. Самым большим, самым толстым, темным слоем эгоизма.

Почему это требует нового вида работы?

Потому что там очень много проблем.

Там такие эгоистические желания, которые ты вообще не в состоянии исправить, и ты должен их просто отставить в сторону. Но ты должен их исследовать, ты должен их выбрать, отсортировать и отложить в сторону.

Есть такие эгоистические желания, которые ты должен отсортировать. Там семь, так называемых, народов – семь эгоистический желаний, которые ты должен исправлять постепенно. Исправлять постепенно – это значит, завоёвывать эти эгоистические желания, ставить их под свое альтруистическое намерение.

Это в Земле Израиля?

Это все называется «четвертый уровень» – самый последний уровень – Земля Израиля.

И поэтому он проговаривает весь путь? И что такое «проговаривание»?

Это не проговаривание, это как бы подготовка к тому, чтобы начать исправление.

Оказывается, «не было Меня среди вас», и поэтому, – говорится:

...и поразили вас у Сеира до Хормы. И вернулись вы, и плакали пред Богом, но не услышал Бог голоса вашего, и не внял вам.

Потому что вы делали неправильные действия.

С Творцом, с Высшей силой, с силой света контакт очень простой – если ты ему подобен, ты выходишь на контакт, если не подобен – нет.

Со стороны света никаких нет движений, он находится в абсолютном покое, и только мы движемся к нему. Чувствуем, что он к нам как бы приближается, а не мы к нему, и тогда мы ощущаем добро; если мы противоположны ему, мы отдаляемся от него, и тогда мы ощущаем зло. Но мы думаем, что все эти действия происходят со стороны света – общей силы добра, которая заполняет все мироздание, а на самом деле это зависит только от нашего внутреннего движения.

Соединяясь между собой всё ближе, мы движемся к свету. Мы раскрываем его в себе, мы никуда, в принципе, не движемся. Соединяясь между собой больше, раскрываем свет больше в себе, – нам кажется, что мы движемся как бы наверх, к нему. И наоборот: отдаляемся от него, если эгоизм вдруг взрывается изнутри нас. А он все время подаёт всё большие и большие эгоистические желания, чтобы мы исправляли себя, всё больше и больше сближались между собой вплоть до того, что раскрыли бы полностью высший свет в нас. Вот такое действие.

То есть, если сейчас мы как бы опустим это на землю грешную, когда человек говорит: «Я сейчас это сделаю», – это грандиозная ошибка?

Да. Конечно…

Включается моя голова.

Нет, не только голова. Человек идет без света вообще! Куда он лезет?!

Без света…

Мы куда лезем?! Все наше развитие до нашего времени – и мы хотим рассказать людям – это развитие внутри эгоизма, когда мы пытались что-то сделать. Мы были замкнуты в своем маленьком черном эгоизме и все время ковыряли, как бы, в глубине земли.

Прогресс осуществляли.

Прогресс – только в том, чтобы что-то друг у друга схватить, своровать. Никакого прогресса за счет каких-то хороших идей или движений не было никогда. И поэтому на сегодняшний день мы и находимся у разбитого корыта.

Потому что Он говорит: «Меня там не было среди вас». Поэтому мы у разбитого корыта?

Да. Свойства отдачи. Моше или Творец – это свойство бины, свойство отдачи.

И поэтому мы сегодня и начинаем докапываться, наконец-то, до причин нашего страдания, общего, всемирного, до того, что мы находимся только в одном единственном эгоистическом свойстве. Свойство второе – противоположное ему, альтруистическое – нет его у нас! Даже тот альтруизм, когда нам кажется, что мы что-то отдаем, он тоже чисто эгоистический, он не абсолютный, не выше нас.

ПОКУПАЙТЕ ЗА ТО СЕРЕБРО

Дальше говорится о том, что еще происходит:
И провели вы в Кадеше многие дни, столько же дней, сколько вы провели раньше.[45]
И развернулись мы, и отправились в пустыню по пути к морю Суф, как говорил Бог мне, и обходили мы гору Сеир многие дни. И сказал мне Бог так: «Полно вам обходить гору эту, поверните на север». А народу повели так: «Вы проходите у границ братьев ваших, сынов Эйсава, живущих на Сеире, и они бояться будут вас, но вы очень остерегайтесь. Не задевайте их, ибо я не дам вам из земли их ни пяди, так как во владение Эйсаву отдал я гору Сеир. Пищу покупайте у них за серебро и ешьте, и воду тоже приобретайте у них за серебро и пейте.»

Тут очень интересно: сейчас Эйсав, потом Лот будет, – идите и не трогайте…

Это эгоизм, который еще невозможно исправить – ни Лот, ни Эйсав. Это всё, с одной стороны, ближайшие родственники свойства отдачи, которые можно исправить, но сейчас пока этому не место.

Поэтому и говорится «идите рядом с ними»?

Да. Покупайте за то серебро. Что интересно, тут очень много серьезных интересных круговоротов.

То серебро вы украли практически у фараона – ну, не украли, можно сказать, а то, что вы заработали… То есть фараоном является общий эгоизм, то, что ты смог извлечь из него, потому что, работая в нем, ты страдал.

---

45   Тора, «Дварим», «Дварим», 1:46.

Притом ты был там в неволе, то есть тебя искусственно туда посадили, ты не сам по своему выбору зашел туда.

Голод тебя туда загнал.

Да. Но ты там работал, вложил с этим эгоизмом хорошие свои усилия, поэтому всё, что ты оттуда взял – все эти силы, всё это постижение, то, до чего ты дошел в Египте, – ты сейчас можешь этим исправлять. Ты можешь как бы обменивать эти свои знания и силы на то, чтобы с этим эгоизмом, который называется Лот и Эйсав, работать. Ты можешь от них брать и питаться, то есть обменивать на серебро. Серебро – это свойство отдачи, это свойство бины. Золото – это свойство малхут.

То есть с таким желанием, как Эйсав, ты сейчас работать не можешь, отложи его в сторону, но питаться можешь от него?

Да.

Это и есть необходимое? Сейчас ты должен жить необходимым? Не брать от Эйсава?

Нет. Ты можешь только таким образом его исправлять. Но это тоже исправление. Это такой вид работы.

Дальше написано:

«…вот, сорок лет Бог, Всесильный твой, с тобою – не испытывал ты нужды ни в чем». И отступили мы от братьев наших, сынов Эйсава, живущих на Сеире, от пути степного, от Эйлата… – *и так далее, и так далее.* И развернулись мы, и прошли по пути к пустыне Моав. И сказал Бог мне: «Не враждуй с Моавом и не затевай с ним войны, ибо не дам Я тебе от земли его никакого владения, так как сынам Лота отдал Я Ар во владение.»[46]

То же самое повторяется? Потихоньку так ведет и по ходу просит никаких войн не затевать?

Конечно.

Но мы придем к войне, на самом деле. Дальше говорится:

«Теперь встаньте и переправьтесь через поток Зеред». И переправились мы через поток Зеред. А времени, которое мы шли от Кадеш-Барнеа до того, как переправились через поток Зеред, – тридцать восемь лет, пока не умерло все поколение.

И тут сейчас начинается как раз…

Да. Географически видно, что можно пешком за неделю пройти с остановками.

Это говорит о том, что выход из Египта и достижение Земли Израиля – очень серьезный период исправления, это возвышение от малхут к свойству бины, освоение свойств отдачи. Еще не работа с этими свойствами отдачи, потому что пустыня ничего не дает, а только подъем над этими свойствами.

Это период подготовки?

Да.

И такой период проходит сейчас человечество – подготовки к следующей ступени? Можно так сказать?

У человечества будет по-другому.

---

46 Тора, «Дварим», «Дварим», 2:07-2:09.

Потому что человечество не должно будет проходить эти состояния. Человечество должно будет просто использовать уже готовую систему – систему духовную, систему сил, которые уже готовы для его исправления.

А здесь говорится о том, как эта система рождается, как группа людей, которая называется «народ Израиля», эту систему собирает.

А все остальные?

Их задача будет не в том, чтобы исправлять себя в каких-то особых действиях, а в том, чтобы только отменять себя и получать вместо этого уже высший свет.

Практически вы сейчас сказали такую простую фразу, что Тора написана для нас.

Она дана еврейскому народу для того, чтобы он себя подготовил к своей миссии относительно остального мира.

То есть еврейский народ – вы имеете в виду тех, кто направлен именно на вот этот путь исправления?

«Егуди» – от слова «ихуд», которые ищут единства. Больше ничего. Он таким и вышел из Вавилона, таким он и остается. Любой человек, который примыкает из Вавилона к этому движению вверх к Творцу, называется «яшар эль», «исра Эль».

Так как из Вавилона вышли те, кто хотел, кто понял, что ему по пути с этой миссией, так и сегодня. Ничего в мире не изменилось.

А когда мы говорим, что евреи мира должны понять свой корень, – что имеется в виду?

Есть в них всё-таки именно корень, запись, решимо, так называемое, информация о том, что они когда-то прошли, и поэтому их можно к этому возбудить. Посмотрим, как это будет. Но, по крайней мере, те, кто желает идти этим путем, они – полноправные евреи. Это и называется «гиюр». То есть человек, который принимает на себя эти условия – жить согласно законам Торы, то есть исправлять себя с помощью высшего света.

Это основа гиюра? И ты становишься евреем сразу?
Да.

Тут говорится, что 38 лет прошло, пока не умерло все поколение воинов из среды стана, как поклялся о них Бог. Также и рука Бога была на них, чтобы истребить их из среды стана, до последнего.
Слова такие прямые, простые, и с точкой в конце – «истребить до последнего».
И было, когда умерли последние воины из среды народа, говорил мне Бог так: «Ты проходишь ныне у границ Моава, около Ара. Когда приблизишься ты к сынам Амона, не враждуй с ними и не задевай их, ибо не дам я от земли сынов Амона владения тебе, так как сынам Лота отдал я ее во владение.»
Несмотря на то, что умерло поколение, снова не трогай?
Неважно. Есть очень четкая последовательность в исправлении эгоизма. И придет очередь Эйсава, и придет очередь Лота, и всех, всех. Кроме Амалека, которого невозможно исправить. И поэтому сказано, что его невозможно победить. Его исправление в том, что его просто

уничтожаешь, его невозможно переделать на что-то. Это так называемый «лев а-эвен».

Тридцать два коренных, основных эгоистических желания как основа находятся во всем эгоизме – они неизменяемые! А всё остальное меняется, можно исправить на отдачу, на любовь, на связь. Так что, здесь указывается порядок исправления.

Человек, который понимает, о чем говорится, находится в ощущении высших корней, для него это реальное состояние, с чем он может сейчас иметь дело и что в себе исправлять. Для него это такой внутренний мир, который раскрывается ему, и с которым он работает. И тут он видит всю географию, всю историю, человечество, различные народы. И это всё внутри его эгоизма, и это всё подвластно его действиям по исправлению. Это то, что он явно видит.

А дальше уже начинается война.

Да. Это война на исправление.

Это уже новое поколение?

Да. И когда говорится об истреблениях, об убийствах, имеется в виду, что убивается эгоистическое намерение, и вместо него восстанавливается альтруистическое.

То есть с этого момента новое поколение начнет уже воевать?

Да. Но эгоизм сам по себе только исправляет свое намерение и становится из эгоизма альтруизмом, и всё. В этом заключается всё исправление. То есть желания все остаются.

ГЛАВА «ДВАРИМ»

Истребляется только намерение ради себя на намерение ради других. И это называется истреблением народов или исправлением.

Дальше мы поймем, что такое настоящая война с эгоизмом.

КРАСНЫЕ ГОРЫ, КРАСНЫЕ КАМНИ

Моше попросил Творца: «Дай я народу расскажу, что мы прошли и что нас ждет впереди». И Творец дал ему такую возможность, и там, по просьбе Моше: Первого швата 2488, за 37 дней до смерти Моше, Он сказал ему: «Собери народ, чтобы повторить с ними прежние заповеди и обучить их новым, которые они еще не знают».[47]

Это конец главы «Дварим», уже начинается движение в эрец Исраэль.

Потому что входят в такое состояние, в такое желание, которое называется уже не «пустыня», а «Земля Израиля». В пустыне надо идти над своим эгоизмом и все время, по мере того, как он возрастает. И по мере приближения к земле Израиля эгоизм возрастает, – но это все равно еще пустыня. И ты должен как бы плыть над ним (в свойстве бины, и это и есть свойство Моше, свойство веры). Работа при входе в землю Израиля – не как в пустыне, когда надо приподниматься над своим эгоизмом, а надо уже из

---

47 Мидраш рассказывает. Недельная глава Дварим.

того, что ты поднялся над ним во всех его проявлениях, начинать его копать, бороновать, переворачивать, сажать в него зерна, растить из него, то есть использовать саму эту землю.

Это уже в эрец Исраэль?

Да. Поэтому и называется эта почва, основа, уже землей Израиля, а не пустыней, из которой ничего нельзя сделать. То есть ростки из этой земли – уже совершенно другого вида. Это уже соединение «бины и малхут», то есть свойства отдачи и свойства получения вместе, и начинается уже земля, текущая молоком и медом.

Это зависит, конечно, от человека, от того, как он использует свой эгоизм.

Моше уже как бы не имеет к этому отношения. Он может дать указание, он может научить, направить, подтолкнуть, но остается за этим. Это как ребенок, который рождается,

Растят его в семье, и затем выпроваживают.

Как бы, посылают в путь. То есть снабжают его всем, чем только можно, но, в принципе, он дальше должен действовать сам.

А интересно, что ощущает Моше? Все-таки он отправляет народ туда, смотрит, как народ уходит в эрец Исраэль. А он остается. Вел все время их, как отец, и вдруг сейчас надо остановиться...

Видишь, как описано поэтично: он поднимается на гору Нево, внизу течет река, которая называется река Моисея. Это место, где на иорданской стороне находится город набатеев, красные горы, красные камни.

Никто никогда не узнает, где он похоронен…
Нет, есть только то место – гора, которая называется горой Моисея, и у евреев, и у мусульман. Но конечно на ней сейчас уже ничего нет, с тех пор прошло все-таки 3000 лет. И река там под ней, маленький ручеек, тоже называется река Моисея. И там он умирает. Но он оттуда видит как бы – аллегорически, но и физически – всю землю Израиля, и благословляет уходящий народ, а сам смотрит вдаль и на этом расстается с ними. И умирает. Остается один на горе, ложится и умирает. Сцена интересная. Думаю, где-то использовали в Голливуде...

А народ? Как он идет вперед, как он ощущает? Видишь, Тора как-то не описывает это особенно в таких красках.

Что может быть? Оглядываются, как-то смотрят…
Да! Всего этого нет. А народ идет вперед под предводительством его ученика Иешуа, идет немного на север, потому что с этой стороны Мертвое море, они обходят его. На севере Мертвого моря, на его северной точке, находится Иерихон, там, где река Иордан впадает в Мертвое море, и они там переходят Иордан и входят в землю Израиля.

Конечно, если говорить в каббалистических терминах, нам надо понять: где этот переход из Заиорданья в землю Израиля, на каких уровнях находится? Что значит Иерихон? Какие там живут народы, то есть эгоистические желания? Против них человек должен восстать, завоевать, покорить, иначе он не поднимется над ними на тот уровень, который называется далее «Земля Израиля». Каким образом они должны быть, соединены все вместе еще больше, еще больше.

Ведь речь идет не о завоевании руками и мечами. А о том, **как приподняться всё выше и выше над своим эгоизмом.** Этот новый эгоизм, который в тебе проявляется, называемый «семь народов», живущих в земле Израиля, они должны покорить, чтобы своим объединением они их покорили, приподнявшись над своим эгоизмом. Это и значит «завоевание земли». В тот момент, когда они ее завоевывают, то есть осваивают это желание своим объединением над эгоизмом земли, объединяясь ради связи, раскрытия Творца, слияния с Творцом, – они этот эгоизм, эту землю обращают в землю Израиля.

А так она называется «земля Кнаан» – земля семи народов. Потому что система, которая управляет нами, называемая Зэир Анпин, состоит из семи частей – блоков управления.

Это и есть семь народов?

Это и есть семь народов, да. Это хэсэд, гвура, тифэрэт, нэцах, ход, есод, малхут.

И чтобы подняться от малхут в бину, снова надо пройти…

Они и должны это сделать.

Но ведь уже поднимались в бину?

Нет, это Моше сделал. Теперь они должны сделать то же самое в завоевании земли Израиля. Причем, когда они завоевывают – это не просто подъем в бину, это уже связь бины и малхут вместе. Когда эта связь восстанавливается уже полностью, это и называется «подъем в землю Израиля». Это уже связь эгоизма с альтруизмом на всех его уровнях. И после этого они могут уже строить Храм, то особое место, где раскрывается в них сам Творец. То есть желание уже поднимается на уровень кетэр – короны.

Вот об этом и говорится здесь: конечно, ни о географии и ни о истории, а только о духовном возвышении, которое достигается с помощью объединения между собой.

Вернемся к тому, что было перед этим. Моше рассказывает о том, как умерло всё поколение.

Был «хет» – грех разведчиков. Сорок лет блуждания, и умерло поколение. «И было, когда умерли последние воины из среды народа». И дальше Творец им говорит:

/24/ ВСТАНЬТЕ, ДВИНЬТЕСЬ И ПЕРЕЙДИТЕ ПОТОК АРНОН! СМОТРИ, Я ОТДАЛ В РУКИ ТВОИ СИХОНА, ЦАРЯ ХЕШБОНА... И СТРАНУ ЕГО: НАЧИНАЙ ЗАВОЕВЫВАТЬ И ЗАТЕВАЙ С НИМ ВОЙНУ.

До этого наоборот говорилось: «Никакой войны не затевать, мимо проходить». Вот такая точка переворота – начинай воевать!

Потому что идет завоевание. Раньше надо было приподниматься над малхут, над всеми ее эгоистическими проявлениями – эгоизм в ней есть, а я иду выше него; он еще проявляется – я еще выше него. Я как бы не обращаю на него внимания, я пытаюсь сделать над ним надстройку.

А сейчас я достиг такого уровня, когда расположился над своим эгоизмом и должен его завоевывать, переворачивать, соединять его вместе со своим альтруистическим свойством, которое я, практически, создал своими усилиями за эти сорок лет в пустыне. И сейчас я должен перемешать альтруистические и эгоистические свойства так, чтобы в каждой связи между ними альтруистические свойства властвовали над эгоистическими.

Это совершенно другая работа, совершенно другая методика. Это поколение, которое уже завоевывает землю Кнаан. Оно обращает это желание «Кнаан» в желание «Земля Израиля», перемешивая эгоизм и альтруизм вместе, – когда альтруизм владеет эгоизмом и управляет им.

Если можно, объясните еще с этой точки зрения. Началось смешивание. А до этого был подъем?

Да. Только лишь подъем от малхут в бину. А теперь, когда малхут поднялась в бину, нужно их взаимодействие, малхут и бины, вместе на всем уровне от бины до малхут.

Это и есть завоевание эрец Исраэль?

Да.

Я ТЕБЯ ОТЫЩУ НА КРАЮ ЗЕМЛИ

И говорится:

/25/ С СЕГО ДНЯ НАЧНУ Я НАВОДИТЬ СТРАХ И УЖАС ПЕРЕД ТОБОЙ НА НАРОДЫ ПОД ВСЕМ ЭТИМ НЕБОМ...

Что значит «наводить страх и ужас» на народы, то есть бояться уже начнут они?

Бояться – с одной стороны. Но с другой стороны, завоевывать-то надо. Это понятно, что эгоизм, с одной стороны, боится. Как змея, которая боится, но обязана напасть. И она боится нападать, и в этом ее смерть, что она нападает, лучше бы она скрылась. Она может скрыться – и всё-таки нападает.

И в этом проявлении и угадывается помощь Творца, потому что в том, что народы мира ненавидят Израиль, обнаруживается их слабость.

Они боятся Израиля?

Это внутренняя боязнь, но более, я бы сказал, это признание бессилия. Можешь сжигать, можешь давить, делать что хочешь, ты все равно это свойство природы – связь с Творцом – не убьешь.

А если бы народы мира на самом деле могли его уничтожить, то они бы сразу же исчезли.

Народы мира?!

Да, народы мира. А что бы их оживляло, если бы у них пропала связь, эта трубочка тоненькая, через которую они получают оживляющую силу?

То есть единственная связь народов мира с оживляющей силой, с Творцом, – это народ Израиля?

Конечно! А как же? Поэтому и называется «Исраэль» – «прямо к Творцу».

То есть они в любом случае не смогут перекрыть этот канал?

Нет. Перекрыть они не могут, это противоречит всей программе творения, всему строительству этой огромной системы.

Поэтому и происходят такие интересные спазматические действия: зажимают, давят, уничтожают – отпускают; снова начинают зажимать, давят – отпускают.

Мы в сегодняшнем поколении должны прервать этот процесс.

Зажимают, а потом снова впускают в страну и снова рождается поколение?

Да, как после Второй мировой войны признавали, одобряли, поощряли. И всё, прошел какой-то период.

Они ощущают, что на следующем этапе Израиль является помехой, он не проводит то необходимое большее благо на наш мир, в котором мир нуждается, поэтому мир входит в кризис. И поэтому они, естественно, обращаются к Израилю, как к явному для них источнику этого кризиса.

И естественно, у них ничего нет, нет никакой возможности воздействовать на Израиль, кроме как возбудить к нему требование, которое аллегорически раскрывается в нашем мире как ненависть и желание уничтожить.

И поэтому не должно быть в нашем мире никакого сомнения в том, что народы мира хотят уничтожить Израиль.

И в самом народе Израиля, в той мере, в которой любой человек из народа Израиля оторван от своего корня, тоже существует та же тенденция – уничтожить Израиль.

У самих же евреев?

У самих у евреев! Мы видим это по американским евреям, по европейским евреям. Для них может быть спасением – особенно для американских евреев – то, что они не имеют с Израилем никакой связи, они не относятся как бы к этой идее, которая должна проявить себя в мире. «Я ничего не знаю, я не имею к этому никакого отношения, и всё. Оставьте меня в покое», – это у них естественная реакция самозащиты.

Они не понимают, что от этого никто не спасется. Еще в Торе сказано, что «Я тебя отыщу на краю земли».

Так что это вселенский закон, от которого не убежишь. И поэтому надо, наоборот, трезво смотреть на мир и стремиться к выполнению своей миссии.

В этот момент идет овладевание, и Творец с ними. Сказано так:

/25/ «С СЕГО ДНЯ НАЧНУ Я НАВОДИТЬ СТРАХ И УЖАС ПЕРЕД ТОБОЙ НА НАРОДЫ ПОД ВСЕМ ЭТИМ НЕБОМ; ЕДВА УСЛЫШАТ ОНИ ВЕСТЬ О ТЕБЕ, КАК ОВЛАДЕЕТ ИМИ СТРАХ И СМЯТЕНИЕ ПЕРЕД ТОБОЙ». /26/ И ОТПРАВИЛ Я ПОСЛОВ ИЗ ПУСТЫНИ… К СИХОНУ, ЦАРЮ ХЕШБОНА, С такими СЛОВАМИ МИРА: /27/ «ПРОЙДУ Я ПО СТРАНЕ ТВОЕЙ ПО ДОРОГЕ! ПО ДОРОГЕ ПОЙДУ, НЕ СВЕРНУ НИ ВПРАВО, НИ ВЛЕВО. /28/ ПИЩУ ЗА СЕРЕБРО ПРОДАВАТЬ БУДЕШЬ МНЕ, И БУДУ ЕСТЬ, И ВОДУ ЗА СЕРЕБРО ДАШЬ МНЕ, И БУДУ ПИТЬ – ТОЛЬКО НОГАМИ МОИМИ ПРОЙДУ… /30/ НО НЕ СОГЛАСИЛСЯ СИХОН, ЦАРЬ ХЕШБОНА, ДАТЬ НАМ ПРОЙТИ У СЕБЯ, ПОТОМУ ЧТО БОГ, ВСЕСИЛЬНЫЙ ТВОЙ, ОЖЕСТОЧИЛ ДУХ ЕГО И СДЕЛАЛ СЕРДЦЕ ЕГО УПОРНЫМ, ЧТОБЫ ОТДАТЬ ЕГО В РУКИ ТВОИ, КАК ЭТО И СЛУЧИЛОСЬ НЫНЕ.

Я не нахожу популярного объяснения, почему Израиль хочет избежать войны.

И пройти. И платить за всё! Серебром.

Серебро – это «кесеф» на иврите. Кесеф – от слова «лехасот» (покрыть). От слова «кесуф». Это масах, ор хозэр и так далее.

Израиль не желает еще вмешиваться в войну, то есть в четкое исправление малхут с помощью бины, а Творец их к этому вынуждает.

И мы так, в принципе, и видим в нашем мире. Хотя мы и желаем все время избежать всяких проблем, столкновений, отягощений в нашей жизни, но из этого ничего не получается. И не получится. Этого можно избежать только лишь, если мы будем следовать неукоснительно тому, что указано в Торе. То есть максимальное исправление эгоизма, – или как в пустыне, или уже когда мы входим в землю Израиля, – но максимальное исправление эгоизма на отдачу и любовь. Максимальное движение в объединении друг с другом, в котором и раскрываются постепенно все эти высоты, ступени лестницы, до полного объединения всех народов, то есть всего эгоизма, всех его частей, вместе в одно единое целое – и система наполняется светом.

Несмотря на то, что они сказали, мы пройдем, будем платить, Сихон не согласился…

Он не согласился специально! Это и понятно, что эгоизм выполняет четко свою функцию, как народы мира, выполняет четко свою функцию, потому что таким образом запрограммировано Творцом. А у народа Израиля есть свобода воли как у единственной части общего эгоизма в мире в творении. И этой свободой воли он пользуется, чтобы убежать! И здесь его обучают: если ты убегаешь, то ты получаешь наказание вдвойне. Ты обязан завоевывать и во много худших условиях.

ГЛАВА «ДВАРИМ»

ОГ, ЦАРЬ БАШАНА, В ЖЕЛЕЗНОЙ КОЛЫБЕЛИ

Дальше говорится:

/31/ И СКАЗАЛ МНЕ БОГ: «СМОТРИ, Я НАЧИНАЮ ОТДАВАТЬ ТЕБЕ СИХОНА И СТРАНУ ЕГО, НАЧИНАЙ ЗАВОЕВЫВАТЬ СТРАНУ ЕГО!». /32/ И ВЫСТУПИЛ СИХОН ПРОТИВ НАС, ОН И ВЕСЬ НАРОД ЕГО, НА ВОЙНУ. /33/ И ОТДАЛ ЕГО НАМ БОГ, ВСЕСИЛЬНЫЙ НАШ, И РАЗГРОМИЛИ МЫ ЕГО, И СЫНОВ ЕГО, И ВЕСЬ НАРОД ЕГО. *И дальше, как всегда говорится,* /34/ ...УНИЧТОЖИЛИ ВСЕ ГОРОДА С НАСЕЛЕНИЕМ, И ЖЕНЩИН И ДЕТЕЙ, НИКОГО НЕ ОСТАВИЛИ...

Это эгоистические желания, которые находятся в самом человеке: женщины, дети, мужчины и так далее, города – это всё человек. Он – маленький мир – так сказано о нем. И поэтому все его желания градуируются по уровням.

Но здесь говорится, ни одного желания не оставлять, всех и вся уничтожить.

Да, да. Все уничтожить. То есть уничтожение – здесь имеется в виду, что уничтожить ты вообще ничего из мира не можешь, только лишь исправить.

Это и называется уничтожением эгоистических желаний, то есть их исправление на отдачу и любовь.

Дальше все продолжается:

/1/ И ПОВЕРНУЛИ МЫ, И ВЗОШЛИ ПО ДОРОГЕ К БАШАНУ... И ВЫШЕЛ ЦАРЬ ОГ...

Абсолютно все семь народов покоряются так же.

Это все семь уровней авиюта эгоизма, который раскрывается сейчас в человеке.

Говорится так:

/11/ ИБО ТОЛЬКО ОГ, ЦАРЬ БАШАНА, УЦЕЛЕЛ ИЗ ВСЕХ РЕФАИМ. ВОТ КОЛЫБЕЛЬ ЕГО, ЖЕЛЕЗНАЯ КОЛЫБЕЛЬ, ТА, ЧТО В РАБАТ-БНЕЙ-АМОНЕ: ДЕВЯТЬ ЛОКТЕЙ ДЛИНА ЕЕ И ЧЕТЫРЕ ЛОКТЯ ШИРИНА ЕЕ, ПО ЛОКТЮ ЭТОГО ЧЕЛОВЕКА. /12/ А ЭТОЙ СТРАНОЙ ОВЛАДЕЛИ МЫ...

Потому что железо является самым низким уровнем эгоизма. Это действительно так: золото, серебро, медь и железо.

Но здесь говорится, что мы смогли сделать...

Как только они начинают говорить, что **мы** могли сделать, а не Творец, это уже плохо.

В общем, методика одинаковая. И надо именно так – через одно единственное каббалистическое объяснение – пропустить все эти рассказы, и тогда становится ясно.

Почему они описаны так подробно? Потому что для человека, который начинает входить в эту систему и ощущать ее, раскрываются огромные вариации всего, что происходит с ним. Он это все чувствует в себе. Это для него раскрытие его мира! Это раскрывается вселенная! Он проходит внутрь материи, внутрь этих сил, которые есть. Он не видит наш мир, нашу маленькую Землю и нас. Он видит силы, которые управляют всем.

Вот как тебе рассказывают иногда в фильмах про космос: огромные звезды, планеты, туманности, и огромное скопление газов, вспышки и прочее, и прочее...

ГЛАВА «ДВАРИМ»

И человек замирает перед этой бесконечностью.

Здесь ты замираешь не во внешнем восхищении, а это внутри тебя происходит! То есть, закрыв глаза, ты начинаешь это всё в себе ощущать. То есть эта вся картина сотворения вся происходит в тебе.

И поэтому она и раскрывается здесь в Торе в таких деталях.

ЗАЧЕМ УМИРАТЬ, ЧТОБЫ ОЩУТИТЬ ЭТУ ТОЛИКУ ВЕЧНОСТИ?

Тора послужила основой вообще всем религиям?

Да вообще всему в человечестве.

Потому что, кроме того, что раскрылось человечеству с раскрытием каббалы, с раскрытием Творца, от Адама и далее, все остальное находится на животном уровне. Поэтому всё, что в человечестве есть, каким-то образом, какими-то ручейками, какими-то непонятными, может быть, связями, все произошло от каббалы. Наука, культура, искусство, все верования – это всё только из каббалы! Все остальное – это животное развитие человечества. Потому что мир делится на две части: богу – богово, кесарю – кесарево.

Но пока еще человечество дойдет до этого...

Я же тоже был как все человечество! Так что?!

Но начинаешь изучать, начинаешь вникать. Ты не теряешь при этом ни головы, ни чувств, ты остаешься нормальным человеком, со всеми его желаниями, со всеми его пониманиями, со связью с этим миром и со всем. И вместе с этим ты проникаешь внутрь структуры этого мира и начинаешь видеть, что там все совершенно другое! Физики чуть-чуть говорят об этом, а на самом деле, тебе раскрывается вся эта бесконечность. И это не бесконечность, это в нашем понимании бесконечно. На самом деле это всё – твои нормальные, конечные внутренние состояния. Только не телесные!

Зачем надо умирать, чтобы хоть чуть-чуть ощутить эту толику вечности?

Я хотел все-таки получить от вас немножко оптимизма.

Оптимизм – то, что это каждому дается! Вперед! Я вас приглашаю всех.

Но ощущение, что должны пройти еще десятки, а может быть, тысячи лет, пока люди придут к этому пониманию – к пониманию каббалы, как вы говорите...

Нет, нет, ничего подобного. Да человека только чуть-чуть уколоть – «Ой!» – и он скажет: «Всё, я готов! Я готов! Не надо больше».

А в наше время мы находимся в таком состоянии, что маленький укол, палочка, которой колют ишаков, стимул, – вот то, что нам надо, чтобы этого осла нашего подтолкнуть к действиям... Это «хамор» – от слова «хомер», от слова материя – на иврите. Надо, чтобы нас укололи, дали нам стимул.

Вы считаете, мы с вами увидим этот переход?

Я не ставлю никаких условий.

Я должен выполнить то, что я могу, и всё. Максимум! На последнем усилии, дыхании. Это самое хорошее.

Но неужели у вас нет этого желания – увидеть, как они переходят в эрец Исраэль?

Да! Это да! То есть достичь такого состояния. Каждый должен желать быть как Моше. Я желаю, но это... не дается. А если да – то да. Это всё...

Но каждый должен достичь своего предназначения. Своего! Может быть маленького, но своего. И ты таким образом находишься на том же уровне бесконечности, на той же высоте, что рабби Шимон, автор Книги Зоар, Моше и все великие, и другие каббалисты, и вообще «сверхчеловеки», что называется.

Только ты свое сделай! Вот ты – сапожник, неважно, кто ты и с кем ты общаешься. Если ты на своем месте умеешь сделать максимально для связи людей и сближения их в этой связи с Творцом, то ты находишься абсолютно на том же уровне, что и все.

А человеку дается понимание, что это именно его место?

Если он раскрыт для этого, он находит его.

И точно знает, что это его место?

Да. Его миссия находит его.

За то, чтобы все нашли свою миссию! И выполнили ее!

Приложение

ОБ ИЗДАНИИ «ТАЙНЫ ВЕЧНОЙ КНИГИ»

«Тайны Вечной Книги. Каббалистический комментарий к Торе» – многотомное издание, передающее содержание одноименного цикла передач с каббалистом Михаэлем Лайтманом. Автор и ведущий – Семен Винокур.

Уникальное издание впервые приоткрывает завесу тайны о истинном смысле Торы. Знания, которые тысячелетиями передавались из уст в уста, хранились от посторонних глаз и ушей, сейчас раскрываются нам, потому что пришло время.

В каждом томе последовательно дается каббалистический комментарий к недельным главам Торы.

ПРИЛОЖЕНИЕ

СОДЕРЖАНИЕ ТОМОВ

Том 1, главы Торы: «В начале», «Ноах», «Иди себе».

Том 2, главы Торы: «И открылся», «И было жизни Сары», «Вот родословная Ицхака…», «И вышел Яаков».

Том 3, главы Торы: «И послал», «И поселился», «В конце», «И подошел», «И будет», «Имена», «И явился», «Идем».

Том 4, главы Торы: «Когда послал», «Итро», «Законы», «Пожертвование».

Том 5, главы Торы: «Укажи», «Когда будешь вести счет», «И собрал», «Исчисления», «И призвал».

Том 6, главы Торы: «Прикажи», «Восьмой», «Зачнет», «Прокаженный».

Том 7, главы Торы: «После смерти», «Будьте святы», «Скажи».

Том 8, главы Торы: «У горы», «По Моим законам», «В пустыне», «Исчисли».

Том 9, главы Торы: «Когда будешь зажигать», «И послал», «Корах», «Закон», «Балак».

Том 10, главы Торы: «Пинхас», «Матот», «Маасей», «Дварим».

Том 11, главы Торы: «И молился я».

Том 12, главы Торы: «Судьи», «Когда выйдешь», «И придешь»

Том 13, главы Торы: «Вы стоите», «И пошел», «Внимайте», «И это благословение». «Тайны Вечной Книги» – избранные публикации.

МИХАЭЛЬ ЛАЙТМАН

Михаэль Лайтман (философия PhD, биокибернетика MSc) – всемирно известный ученый-исследователь в области классической каббалы, основатель и глава Международной академии каббалы (МАК) – независимой, некоммерческой ассоциации, занимающейся научной и просветительской деятельностью в области науки каббала.

М. Лайтман – автор более 70 книг по науке каббала, переведенных на 40 языков, являющихся углубленными комментариями ко всем оригинальным каббалистическим источникам.

СЕМЕН ВИНОКУР

Автор и ведущий серии передач с Михаэлем Лайтманом «Тайны Вечной Книги», писатель, сценарист, кинорежиссер и продюсер более восьмидесяти документальных и художественных фильмов, лауреат премий и наград 12 международных фестивалей за лучшие документальные фильмы, обладатель приза Израильской академии кино за лучший сценарий игрового фильма.

ПРИЛОЖЕНИЕ

МЕЖДУНАРОДНАЯ АКАДЕМИЯ КАББАЛЫ

https://www.kabbalah.info/rus/

Учебно-образовательный интернет-ресурс – неограниченный источник получения достоверной информации о науке каббала.

Сайт дает доступ к уникальному контенту: библиотеке каббалистических первоисточников, к широкому спектру передач и лекций на телеканале Каббала ТВ, включая прямую трансляцию уроков основателя и главы Международной академии каббалы Михаэля Лайтмана для всех, кто занимается углубленным изучением науки каббала и исследованием каббалистических первоисточников.

ОБУЧАЮЩАЯ ПЛАТФОРМА МЕЖДУНАРОДНОЙ АКАДЕМИИ КАББАЛЫ

https://kabacademy.com/

Миллионы учеников во всем мире изучают науку каббала. Выберите удобный для вас способ обучения на сайте. Наша онлайн-платформа позволит вам познакомиться с уникальными каббалистическими источниками, пройти обучение у лучших преподавателей академии, общаться в онлайн-сообществе, получить индивидуальное сопровождение помощника-тьютора.

ИНТЕРНЕТ-МАГАЗИН КАББАЛИСТИЧЕСКОЙ КНИГИ

Все учебные материалы Международной академией каббалы основаны на оригинальных текстах каббалистов.

РОССИЯ, СТРАНЫ СНГ И БАЛТИИ
https://kbooks.ru

АМЕРИКА, АВСТРАЛИЯ, АЗИЯ
https://www.kabbalahbooks.info

ЕВРОПА, АФРИКА, БЛИЖНИЙ ВОСТОК
https://books.kab.co.il/ru/

Михаэль Лайтман

ТАЙНЫ ВЕЧНОЙ КНИГИ
Каббалистический комментарий к Торе
Том 10

Редактор: *Э. Сотникова.*
Оформление обложки: *А. Мохин.*
Технический редактор: *Н. Серикова.*
Корректура: *А. Ларионова.*
Верстка: *С. Добродуб.*
Выпускающий редактор: *С. Добродуб.*

ISBN 978-5-91072-111-5

Подписано в печать 15.03.2021. Формат 60х90/16.
Усл. печ. л. 18. Тираж 500 экз. Заказ № 281.

Отпечатано с электронного оригинал-макета,
предоставленного издательством,
в Обществе с ограниченной ответственностью
«Рыбинский Дом печати»
152901, г. Рыбинск, ул. Чкалова, 8.
e-mail: printing@r-d-p.ru р-д-п.рф

www.ingramcontent.com/pod-product-compliance
Lightning Source LLC
LaVergne TN
LVHW010155070526
838199LV00062B/4364